KB201035

초등학생 발명가

물음이와 느낌이

왕연중 엮음

세창출판사

머 리 글

지금은 학생발명가 시대!!

드디어 학생발명가 시대가 활짝 열렸다.

초·중학생을 대상으로 한 발명대회에 응모자가 1만 명을 넘어서면서 전국 초·중·고·대학교에 발명의 열기가 뜨겁게 달아오르고 있다.

정부도 학생발명가들에게 대학 특례입학의 특전 등을 부여하면서 10만 발명 꿈나무 양성에 나섰다. 5월 19일 발명의 날도 26년 만에 법정기념일로 부활되었다.

한 마디로 21세기 지식기반사회 창조를 위한 '1국민 1발명시대'가 열리기 시작한 것이다.

우리 나라 최초의 학생발명반 교재를 집필한 필자는 학생발명가에게 거는 기대가 가장 크다.

초롱초롱 빛나는 학생발명가들의 눈을 보고 있으면 마치 미래의 한국판 에디슨을 보는 것 같아 행복하기 그지없다.

스스로 묻고, 스스로 느끼며 펼치는 학생발명가들의 꿈. 그 꿈에서 탄생한 발명은 이른 새벽 잡아 올린 은빛나는 생선보다도 싱싱해 어른들도 깜짝 놀라게 했다.

이 책은 바로 그들 학생발명가 중에서 초등학생들의 발명이야기로 지난 해에 있었던 실화이다. 따라서 지금은 모두 한 학년씩 올라 초등학교 6학년으로 소개된 학생은 중학교 1학년이 되어

이 순간에도 발명왕의 꿈을 키우고 있을 것이다.

나는 이 책의 주인공들을 '물음이'와 '느낌이'라 부르기로 했다.

사랑하는 물음이와 느낌이야!

농경사회에서는 논밭을 많이 가진 사람이 부자였고, 산업 사회에서는 공장과 회사를 가진 사람이 부자였단다. 그렇다면 지금처럼 정보화 및 지식사회에서는 무엇을 가진 사람이 부자 이고, 성공한 사람일까?

답은 하나밖에 없단다. 아이디어와 발명을 할 수 있는 창 의력을 가진 사람이란다.

세계에서 가장 좋은 회사를 가지고 가장 많은 돈을 번 '빌 게이츠' 아저씨도 아이디어와 발명으로 성공했단다.

따라서 앞으로 더욱 열심히 공부하고 발명을 위해 꾸준히 노력한다면 물음이와 느낌이도 자라서 지구촌의 훌륭한 주인 이 될 수 있을 것이다.

사랑하는 물음이와 느낌이야! 혹시 너의 이야기가 사실과 조금 다르더라도 이해해다오. 너의 친구들이 좀더 재미있게 읽 고, 너희들처럼 훌륭한 학생발명가가 될 수 있도록 내가 동화 형식으로 썼기 때문이란다.

전국의 초등학생 친구들아! 우리 모두 발명가가 되어 21세 기의 주인이 되자!

1999년 여름
왕연중

차 례

제1부 물음이의 발명일기

제 2 부 느낌이의 발명일기

제 1 부
물음이의 발명일기

물음이와 느낌이

발판 자동 샤워기

공룡박사 척척이

세미(김세미, 군산 어청도 초등학교 6학년)는 목욕을 자주 해야겠다고 결심했다. "사람은 몸이 깨끗해야 마음도 상쾌해진다"는 글을 읽었기 때문이다.

"목욕을 하고 나면, 기분이 확실히 좋아요 엄마."

세미는 어느 때는 샤워까지 두 번을 할 정도로 목욕을 즐겼다.

그러자 세미 어머니가 걱정을 했다.

"세미가 웬 일이야! 이젠 수돗물 값이 더 나오게 생겼네!"

그러나 세미는 어머니의 걱정은 들은 체 만 체하고, 여전히 콧노래를 불러가며 욕실을 자주 들락거렸다.

시험 성적이 나빠 스트레스를 받거나, 학교에서 친구들과 사소한 일로 다툼이 있었을 때, 그리고 집에서 동생 때문에 아빠께 꾸중을 들었을 때도 세미는 기분전환을 할 겸 욕실 문을 열었다.

"에이! 기분 나빠, 목욕이나 하자."

타월에 샤워용 세제를 짜서 거품을 충분히 낸 다음 온 몸을 구석구석 문지르고, 샤워기의 따뜻한 물로 싹 헹군다.

머리끝에서부터 발끝까지 쫙 쏟아지는 부드러운 물의 촉감은 답답하고 속 상한 마음까지 씻어 주는 것 같아서 좋았다.

머리를 감고 나서, 욕조 안에 가득 채워진 뜨끈한 물 속에 발부터 적시고, 허리, 가슴 그리고 목까지 밀어넣고 가만히 눈을 감으면 온 몸으로 전해지는 따스한 온기……♨.

'으, 따뜻하고 시원해!'

세미는 그렇게 욕조 안에 들어앉아, 주일 날 교회학교에서 배운 성경구절을 떠올린다.

"심령이 가난한 자는 복이 있나니 천국이 저희 것이요, 애통하는 자는 복이 있나니 저희가 위로를 받을 것이요, 온유한 자는 복이 있나니 저희가 땅을 기업으로 받을 것이요, 의에 주리고 목마른 자는 복이 있나니 저희가 배부를 것이요……."

 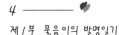

그렇게 혼자서 욕실 천장을 보며 중얼거리다 보면 어떻든 불쾌했던 기분은 싹 가시고, 화가 났던 것도 풀리고, 나른해지는 것과 동시에 부정적이던 마음과 생각들도 긍정적으로 바뀐다.

'그래, 참는 자에게 복이 있다고 했다. 높아지고 싶거든 낮아지라고 했고 …… 내가 참고 마음을 고쳐먹지 뭐, 지금부터 김세미 파이팅! 아호야!'

욕실 문을 나서면, 어머니가 가끔 말씀하셨다.

"쟤는 뭐가 그리 좋아서 싱글거리는지 모르겠네. 참 별일이야!"

그러면 세미는 씨익 웃으며 대꾸한다.

"엄마도 목욕을 해 보세요. 히히"

그런데 그 목욕 때문에 기어코 일이 벌어졌다.

어느 날, 학교에서 돌아온 세미가 어머니께 인사를 하려는데 어머니의 얼굴표정이 갑자기 험하게 바뀐 것이다.

"세미야, 너 정신이 있는거야 없는거야!"

그제서야 세미는 정신이 번쩍 들었다.

'아차!'

아침에 샤워를 하고, 욕조에 담가놓았던 샤워기 밸브를 잠그는 것을 잊은 채 학교에 갔다 온 것이다. 낮에는 일 때문에 부모님께서도 늘 집안을 비우시는데 그 동안 쏟아져서 흘러내린 물하며 허비된 물값 …….

"엄마, 미안해요. 깜빡했어요."

세미는 모기만한 소리로 말하고는 고개를 숙이고 방으로 들어갔다.

'아이쿠야, 잊어버리고 잠그지 않아도 자동으로 멈추어지는 샤워기는 없나?'

세미는 자신이 그것을 만들어 보겠다고 다짐을 했다.

'그런 것만 있으면 머리를 감으면서 눈감은 채로 씻어도 되고, 비눗물이 눈에 들어가지 않아 건강에 좋고 …….'

세미는 하루종일 책상에 앉아, 그 생각을 하며 궁리를 했지만 뾰족한 수가 떠오르지 않았다.

이튿날, 세미는 자신의 생각을 아버지께 말씀드렸다.

"우리 세미가 좋은 생각을 했구나. 아빠가 도와줄 테니 연구해 보거라."

세미는 아버지의 말씀에 기분이 좋아져서 "야호"하고 소리를 질렀다.

"그렇게 기분이 좋으니?"

"네, 아빠"

"그럼, 시작해 보자."

세미는 아버지와 함께 설계도를 그리며 수도 배선에 대해서도 배웠다.

철물점을 돌아다니며 공구를 사서 맞추고, 조립을 해도 신통치가 않아서 처음에는 전전긍긍했다.

'물이 멈추는 과정을 알아보고, 센서를 부착하면 될 텐데……'

아버지와 함께 세미는 수돗가게에 가서 알아보기도 하고, 필요한 것들은 사다가 좀더 적극적으로 연구를 시도했다.

"먼저 발판을 자동 샤워기에 스위치 2개로 연결시키고, 온수와 냉수를 만들자."

아버지와 같이 수돗가에 가서 실험을 했더니 드디어 모든 것이 세미의 생각과 똑같이 이루어졌다.

"와, 성공이에요. 아빠!"

너무나 기뻐서 아버지를 끌어안은 세미는 환호성을 질렀다.

오늘도 세미는 콧노래를 부르면서 신나게 샤워를 한다.

'발명이란 정말 좋은 거군. 이렇게 편리하게 해 주다니!'

세미는 발판을 일부러 오르락내리락하며, 자동 샤워기의 편리함을 확인하고 스스로 대견스러웠다.

이런 생각이 미래의 에디슨을 만들어요!!

'아이쿠야, 잊어버리고 잠그지 않아도 자동으로 멈추어지는 샤워기는 없나?'

'그런 것만 있으면 머리를 감으면서 눈감은 채로 씻어도 되고, 비눗물이 눈에 들어가지 않아 건강에 좋고……' 세미는 자신이 그것을 만들어 보겠다고 다짐했다.

제1부 몽음이의 발명일기

물의 유무를 알 수 있는 찜통

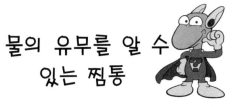

공룡박사 척척이

지난해, 추석 때의 일이다.

지욱(강지욱, 대전 대덕초등학교 4학년)이는 부모님과 함께 시골에 사시는 할머니댁에 가게 되었다.

"다 됐어?"

2박 3일을 시골에서 지내자니 준비할 물건도 꽤 되었고, 추석에 쓸 과일이며 마른 반찬들로 아버지의 자동차 뒷트렁크는 꽉 채워졌다.

"네, 다 실었어요."

"빠진 거 없지? 그럼, 출발이다."

우리 가족을 다 태운 자동차는 번잡한 시내를 빠져나가 시원하게 탁 트인 시골길을 달리기 시작했다.

"우와, 이게 얼마 만이냐! 멋지다."

찌르면 금방이라도 파란 물이 쏟아질 것 같은 맑은 하늘, 도로 양 옆으로 쭉 늘어서서 붉게 물든 가로수 잎, 들판의 허수아비와 바람에 살랑이는 누런 곡식······.

바람을 상쾌하게 가르며 자동차는 한참 동안을 신나게 달렸다.

가을이라/가을바람/솔솔 불어오니 ♬♪
나뭇잎은 붉은 치마/갈아 입고서 ♪♪
남쪽나라 찾아가는/제비 불러 모아 ♪♬♩

어머니의 소녀 같은 목소리의 노랫결 따라, 아버지는 미소를 띠우며 핸들 위의 손가락을 까딱거리셨다.

그 모습을 뒤에서 바라보며 지욱형제는 눈웃음을 주고 받았다.

이윽고 할머니댁에 도착하자, 할머니께서는 보름달 같은 얼굴에 환한 웃음을 짓고, 지욱이네 식구들을 얼싸 안으셨다.

"아이구, 내 강아지 왔나. 어서 와라."

"할머니, 전 강아지가 아닌데요······."

"녀석도, 까부는 건 여전하구나."

　달빛 아래 멍석을 깔고 앉아, 지난 이야기를 주고 받으며 하룻밤을 보내고 둘쨋날은 할머니를 도와 송편을 만들기로 했다.

　"야, 지욱아! 그것도 송편이냐? 만두지."

　"애개, 형 건 호떡이다. 호떡!"

　"얘들아, 고물이 빠져나오지 않게 꼭 잘 누르기만 해라."

　"할머니, 제 것이 더 예쁘지요?"

　넓은 상 가득 채워지는 쑥송편, 흰쌀 송편 위로 식구들의 웃음이 흘러넘쳤다.

빚은 송편은 찜통에 가지런히 넣어 가스 불 위에 얹혀졌다.

얼마 후, 송편 냄새가 구수하게 났다.

"얘, 어멈아! 찜통에 물 있나 봐서 없으면 물 좀 더 넣어다오."

할머니의 말씀에, 어머니는 송편을 만드시는 도중에도 몇 번씩이나 일어나서 주방을 들락거리셨다.

"뚜껑을 열어보지 않고도 물이 있는지 없는지 편하게 알 수 있으면 좋을 텐데……"

어머니는 자리에 앉으시며 혼잣말로 이렇게 중얼거리셨다. 그 말씀을 듣는 순간, 지욱이는 속으로 생각하게 되었다.

'찜통 속에 물이 있는지 없는지를 쉽게 알 수 있는 방법이 없을까?'

"지욱아, 송편 안 먹니? 뭘 그렇게 생각하는 거야."

지욱이는 찜통 생각에 먹는 것도 잊어버릴 정도였다.

"먹보 지욱이가 웬 일이지?"

"글쎄 말예요. 별일이네."

식구들이 제각기 한 마디씩 거들며 지욱이의 표정을 살폈다.

그러나 지욱이는 주위 사람들의 염려에도 불구하고 궁리하기에 바빴다.

'좋은 방법이 없나?'

그럭저럭 추석이 지나고, 집에 돌아와서도 지욱이의 생각은 계속되었다.

'찜통에 유리창을 내? 아니면…….'

그렇게 생각에 골똘해 있던 어느 날, 방안에서 책상에 앉아 있는 지욱이의 귓가로 하모니카 소리가 들렸다.

"치카 치카…….'

'앗, 저 소리는!'

그것은 가스 불 위에 얹어 놓은 물주전자에서 물이 끓기 시작하자 신호음을 내는 것이었다.

지욱이 방문을 열고 주방으로 나가자 어머니께서 급히 불을 줄이셨다.

"보릿차가 다 끓었구나."

지욱이는 무릎을 탁 쳤다.

"아하! 바로 이거야!"

지욱이의 아이디어는 간단했다. 찜통의 바닥부분에 지름이 동전만한 크기의 주전자 주둥이 같은 쇠붙이를 한쪽 모서리에 부착하는 것이었다.

만일 물이 없으면 쇠붙이가 움직이지 않고, 물이 있으면 끓는 수증기의 힘에 의하여 쇠붙이가 요란하게 흔들리게 될 것이다. 그래서 물의 유무를 알 수 있게 된다.

물의 유무를 알 수 있는 찜통

지욱이는 자신의 아이디어를 어머니께 말씀드렸다. 그랬더니 어머니는 놀랍다는 표정을 지으시면서 다음과 같은 이야기를 들려 주셨다.

"정말 훌륭한 생각이야, 지욱아! 옛날 우리 할머니들께서는 정말로 찜통에 떡을 찌실 때, 물 속에 10원짜리 동전을 넣어 그 동전의 소리를 듣고 물의 유무를 판단하는 지혜가 있으셨지."

"아하! 그랬구나."

"우리 선조들의 생활 속의 지혜는 정말 놀라운데 지욱이가 그런 좋은 생각을 했구나!"

"엄마, 제 아이디어 발명품은 강아지 찜통 1호로 할래요. 강아지가 집을 잘 지키듯이 물을 잘 지키라는 뜻이지요. 솥이 타지 않게……, 어때요?"

"지욱이 정말 대단하구나."

어머니의 말씀을 들은 아버지께서도 지욱이에게 칭찬을 아끼지 않으셨다.

지욱이는 갑자기 어깨가 으쓱해졌다.

아무리 작고 사소한 것이라도, 생활의 불편한 점을 보완하기 위해서 연구를 한다면 생활이 훨씬 편리하고, 순조로울 것이라고 생각하며.

지욱이는 그렇게 찜통 덕분에 새로운 발명가로 태어

났다.

이름하여 생활 속의 발명왕!

"발명 만세! 강아지 찜통 1호 만세! 와하하하."

지욱이는 정말 기뻤다.

이런 생각이 미래의 에디슨을 만들어요!!

'찜통 속에 물이 있는지 없는지를 쉽게 알 수 있는 방법이 없을까?'

지욱이의 아이디어는 간단했다. 찜통의 바닥부분에 지름이 동전만한 크기의 주전자 주둥이 같은 쇠붙이를 한쪽 모서리에 부착하는 것이었다.

물의 유무를 알 수 있는 찜통

지우개 가루 쓰레기통

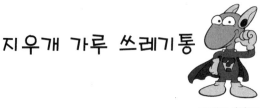

공룡박사 척척이

"책상 밑이 더럽구나. 지우개 가루 좀 쓸어내라."

민수(강민수, 김제 월성초등학교 6학년)은 오늘도 선생님으로부터 이런 말씀을 들었다.

'으이그, 지겨운 지우개 가루.'

민수나 민수의 같은 반 친구들이 속으로 이런 생각을 하면서 비를 가지러 가는 것은 정해진 코스다.

연필로 공부를 하려면 반드시 지우개가 필요하다. 지우개는 틀린 것, 더러운 것, 그리고 필요 없는 것을 삭제해 주는 없어서는 안 될 학생들의 필수품이다.

지우개가 얼마나 잘 지워지는 기능을 가졌는지, 유행가 중에 이런 가사도 있다.

사랑은 연필로 쓰세요…… ♩♪
쓰다가 쓰다가 틀리면 ♫♪
지우개로 깨끗이 지워야 하니까…… ♩♫

지우개는 종류도 많고, 모양도 다양해서 학생들이 좋아하는 학용품 중의 하나다.

그런데 지우개는 닦고난 뒤의 새까만 가루가 말썽이다. 훅 불면 사방으로 퍼져서 주위를 더럽히고, 한 곳에 모아두면 걸리적거리고, 닦을 때마다 비를 찾아 쓰기도 불편하고…….

이래저래 지우개의 불편한 점을 생각하며 민수는 비를 들고 지우개 가루를 쓸어 담았다.

'이 애물단지를 감쪽같이 처리할 좋은 방법이 없을까?'

민수는 공부를 끝마치고, 집에 돌아가는 길에서도 그 생각만 했다.

'어떻게 하면 지우개 사용의 불편한 점을 개선할 수 있을까?'

책상 앞에 앉아 골똘히 생각하던 민수는 노트 밑에 커다란 신문지를 깔아놓고 숙제를 하며, 지우개 가루가 나오면 신문지 귀퉁이에 쌓아둔 가루를 신문지 채 들고 가서 쓰레기통에 버렸다.

'이 방법도 번거롭군. 다른 방법이 없나?'

민수는 생각 끝에 어머니께 용돈을 타서 문구점으로 가 보았다.

아기자기하고 예쁜 문구용품들이 즐비하게 진열되어 있었다.

"뭘 찾니?"

"예, 구경 좀 하려고요."

이것저것 돌아보던 민수는 벽걸이용 인형이 들고 있는 편지꽂이 상자를 보고 문득 한 가지 방법을 생각해 냈다.

'그렇지, 바로 저거야.'

민수는 그 곳에서 접착제, 자, 칼 등을 골랐다.

"아저씨, 이것 모두 얼마예요?"

"어디 보자. 음"

계산을 마친 민수는 집으로 오는 도중에 철물점에 들러 양철도 샀다.

"엄마, 드라이버 어디 있어요?"

"그건 왜? 아빠의 공구 상자를 찾아보렴."

민수는 설계도를 그리고, 양철, 자, 연필, 가위, 칼, 드라이버, 접착제, 나사 등을 준비했다.

"우선 작은 사각형 상자를 만들고 여기에 맞는 상자걸이를 만드는 거야."

생각처럼 쉽지는 않았지만, 민수는 먼저 사각형의 상자를 만들었다.

상자를 만들 때는 반드시 양철이 아니어도 플라스틱 등 단단한 물건이면 된다. 다음에는 상자에 맞추어 상자걸이를 만든다.

"자, 이제 책상 밑에 본드나 작은 못, 나사 등을 이용해서 붙이면 되겠는데……."

뚝딱거리고 있는 민수의 방으로 아버지께서 들어오셨다.

"민수야, 뭘 그렇게 뚝딱거리니?"

"아, 아빠! 마침 잘 오셨어요. 좀 도와주세요."

"이게 뭔데 야단이냐!"

"잘 보세요."

민수는 지우개 가루를 모아 상자에 밀어 붙여 넣은 뒤, 상자걸이에서 상자를 뽑아 보였다.

"아빠, 어때요?"

"그것 참 편리하겠구나. 방바닥에 지우개 가루가 떨어지지 않아서 청소하기에도 쉽겠는데. 누가 만들었지?"

"제가요."

민수는 책상 밑에 상자걸이를 붙이고 있는 아버지께 자신있게 대답했다.

"이런, 정말 이 좋은 아이디어를 우리 민수가 냈다는 거야?"

"네, 아빠!"

"이거 우리 강씨 가문에 발명가가 나셨군. 경사났네."

칭찬을 듬뿍 해주시는 아버지의 말씀에 민수는 수줍은 듯 머리를 긁적거렸지만, 속으로는 기분이 매우 좋았다.

"우리 민수가 뭘 발명했다고?"

나중에는 어머니까지 들어오셔서 민수의 머리를 쓰다듬어 주셨다.

"민수야, 이거 정말 좋은 아이디어야! 지우개 가루 쓰

레기통으로만 쓸 것이 아니라, 식당, 작업장 같은 곳에서
도 쓸 수 있겠어.”

"그렇네요. 상자와 상자걸이를 용도에 따라 크게 만들
어서, 톱밥이 많이 나오는 제재소의 작업장, 가게나 가정
의 식탁 밑에 설치하면 음식물 쓰레기를 쉽게 모을 수 있
고, 버릴 때는 상자만 쏙 뽑아서 버리면 되니 간편하겠는
데요."

입에 침이 마르도록 칭찬하시며 좋아하시는 부모님
의 얼굴은 전에 없이 밝고 환하여 민수를 어리둥절하게
했다.

"가만 있자, 아예 이 쪽으로 나갈까? 아빠! 사실은 저
오늘 음악점수는 빵점 맞았는데 괜찮지요?"

"뭐? 이 녀석!"

"그러면 그렇지. 호호호……"

갑자기 집안은 웃음바다가 되었다.

민수는 그 날 밤 일기에 이렇게 썼다.

1999년 ○월 ○일   날씨 ☀

🖊️나는 오랜만에 아빠, 엄마의 커다란 웃음소리를 들었
다. 요즘 어려운 때라고 사람들의 마음이 무척 메말라졌고,

우리 부모님의 이마에도 잔주름이 많이 느셨는데, 내가 아이디어를 하나 내서 발명을 했다고 저렇게 좋아하실까?

　　이제부턴 학교 공부도 열심히 해서, 발명가답게 지적 수준을 좀 올려놓아 품위를 지켜야겠다. 끝.✎

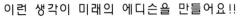

이런 생각이 미래의 에디슨을 만들어요!!
'어떻게 하면 지우개 사용의 불편한 점을 개선할 수 있을까?'
이것저것 돌아보던 민수는 벽걸이용 인형이 들고 있는 편지꽂이 상자를 보고 문득 한 가지 방법을 생각해 냈다.

편리한 책걸상

공룡박사 척척이

"여러분, 오늘은 좋은 친구 한 사람을 소개하겠어요. 이름은 지혜선이고 서울에서 전학왔는데, 앞으로 사이좋게 지내도록 하세요."

선생님의 말씀에 라라(남라라, 안동 와룡초등학교 6학년)는 선생님 옆에 나란히 서 있는 친구를 찬찬히 뜯어 보았다. 얼굴이 하얗고, 키도 크고, 예쁘게 생긴 친구였다.

'이런 조그만 시골학교에 서울에서 전학을 오다니, 못 믿겠는걸……'

라라를 비롯하여 반 친구들은 고개를 갸우뚱거리며, 못 믿겠다는 표정으로 혜선이를 보고 있었다.

'친하게 지내야지!'

라라는 속으로 생각하며, 혜선이의 자기소개를 기다렸다.

"저는 서울에서 전학온 지혜선입니다. 앞으로 여러분과 친하게 지냈으면 좋겠습니다."

혜선이의 소개가 끝나자, 라라와 반 친구들은 박수로 새로운 친구를 반갑게 맞이해 주었다.

"혜선아, 저기 라라 옆에 가서 앉아 있으렴. 선생님이 책상 구해 올게."

선생님의 지시에 따라, 혜선이는 라라를 보며 밝은 미소를 띠고 라라 옆자리에 앉았다.

그런데 문제가 생겼다.

라라보다 키가 더 큰 혜선이가 라라 책상보다 더 작은 책상에 앉게 된 것이다.

몸을 움추리며 간신히 책상 앞에 앉는 혜선이를 보고, 라라는 괜히 신경이 쓰여 이런 생각까지 했다.

'내 책상하고 바꿀까?'

잠시 후, 밖에 나가셨던 선생님께서 교실로 들어오셨다.

"혜선아! 어쩌지? 남은 책상도 모두 작은 것뿐이구나. 당분간 그 책상에 앉아 있어야 하겠는걸…….'

그렇게 말씀하시며 선생님은 "후유" 하고 한숨을 내쉬셨다.

혜선이는 수업시간에 몸을 이리저리 비틀며 글씨를 쓰는 모습이 무척 불편해 보였다.

"혜선아, 같이 가자."

이윽고 수업이 끝나자, 라라는 일부러 혜선이 옆으로 다가가서 말을 걸었다.

"응, 고마워! 라라야"

라라는 혜선이와 어깨를 나란히 하여 교문을 나섰다.

"책상이 너무 작아서 불편하지 않았니?"

라라의 물음에 혜선이는 고개를 끄덕여 보였다.

"응, 약간은……."

그래서 라라는 스스로 생각했다.

'어떻게 하면 혜선이가 편해질 수 있을까?'

집에 돌아와서도 라라는 종이를 꺼내 놓고, 책상과 걸

상을 그리고 있었다.

'좋은 방법이 없을까?'

괜스레 일어났다 앉았다, 책상 서랍을 열었다 닫았다, 옷장문을 열었다 닫았다 하며 안절부절하는 라라의 눈에 옷걸이가 들어왔다.

'앗! 바로 저거다.'

라라는 자신도 모르게 소리를 지를 뻔한 것을 간신히 참고, 자기의 생각을 종이에 옮기기 시작했다.

어린이들은 해마다 키가 자라기 때문에 옷의 길이도 길어지기 마련이다.

그래서 라라네 집에서는 조절 나사를 달아 높이를 줄이거나 키울 수 있는 옷걸이를 사용하고 있었던 것이다

"랄라라 …… 룰루루 …… 책상에도 조절 나사를 달아서 혜선이의 키에 맞게 높이를 조절하면? 다 됐다."

라라는 자기의 그린 설계도를 가지고 학교에 가서 선생님께 말씀드렸다.

"선생님, 혜선이의 책상과 걸상을 이렇게 하면 문제가 해결될 것 같은데요. 한번 보실래요?"

라라의 설계도를 보신 선생님은 매우 기뻐하시며 칭찬을 해주셨다.

"우리 라라가 발명을 다 했네. 우리 학교의 보배다 보배."

선생님을 비롯하여 우리 반 아이들은 모두가 힘을 합해서 혜선이의 책상을 만들기 시작했다.

"자, 이제 준비물은 다 있으니, 어디 한번 시작해 볼까?"

"영치기 영차, 영치기 영차……."

책상 다리를 뚫고, 조절 나사를 달고 어떤 친구는 일부러 흥을 돋우어가며 일을 거들었다.

드디어 꿈에 그리던 책상이 완성되었다. 걸상도 빼놓을 수 없었다.

"자, 이젠 걸상 차례다."

책걸상이 완성되자 라라와 친구들은 환호성을 질렀다.

"끝났다, 혜선이의 책상 만세!"

"혜선아, 어서 앉아 봐!"

혜선이는 눈물을 글썽이며, 라라와 친구들에게 고맙다고 말했다.

"얘들아 정말 고맙다. 전학온 나에게 이렇게까지 잘 해 주다니……."

혜선이의 기뻐하는 모습과, 손수 만든 책걸상을 보며 라라네반 친구들은 모두 보람을 느낄 수 있었다.

"그 동안 힘들었던 마음이 모두 사라졌어!"

라라는 수업시간에도 공부를 하다 말고 가끔씩 혜선이 쪽을 보았다.

혜선이는 몇 개월 후, 다시 서울로 이사가는 바람에 전학을 갔다.

"라라야, 그 동안 정말 고마웠어."

"혜선아, 다시 서울로 가는 거야? 너 때문에 학교생활이 더 재미있었는데, 너무 섭섭하다."

라라와 혜선이는 더 깊은 우정을 나누며 손을 꼬옥 잡았다.

혜선이가 떠나고 난 뒤에도 라라는 가끔씩 혜선이의 빈 자리를 돌아보는 버릇이 생겼다.

'우정의 발명품이라 이름지어야겠군.'

이제 그 자리는 전학온 유희가 쓰고 있다.

하지만 혜선이가 서울에서 라라와 반 친구들의 고마움을 잊지 않고 열심히 공부하고 있을 것을 생각하며, 라라는 자신이 발명한 책걸상을 볼 때마다 마음이 흐뭇해진다.

이런 생각이 미래의 에디슨을 만들어요!!
'어떻게 하면 혜선이가 편해질 수 있을까?'
책상에도 조절 나사를 달아서 혜선이의 키에 맞게 높이를 조절하면?

다목적 효도의자

공룡박사 척척이

유미(권유미, 대전구즉초등학교 6학년)의 외갓집은 전국에서 인삼으로 제일 유명한 충남 금산이다.

금산에서는 인삼축제가 열려 전국을 떠들썩하게 했는데 유미는 그 때도 외갓집에 갔었다.

"아빠, 인삼이 정말 사람에게 그렇게 좋은 거예요?"

"응, 원래는 깊은 산 속에서 야생하는 풀인데, 뿌리는 건강을 증진시키고 체력을 좋게 하는 강장제로 외국에도 널리 알려져 있단다."

"근데 저는 먹을 때마다 쓴맛이 싫던데요."

"옛말에 약은 쓰다고 했다. 그만큼 좋은 보약이 되는거란다."

외갓집에 도착하여, 외할머니네 인삼밭으로 가는 길에 유미는 인삼에 대한 많은 이야기를 주고 받았다.

"홍삼, 정관장, 어떤 것은 캐러멜처럼 맛있는 것도 있었어요. 당뇨병에도 좋다지요?"

"음, 유미가 외갓집을 자주 오더니 이젠 인삼박사가 다 되었구나."

"그거야 보～오통이지요 무얼, 히히."

유미 아버지는 틈나면 가끔 이렇게 유미를 데리고 인삼밭을 찾곤 하셨다.

밭에서 나온 인삼을 아버지의 회사 동료들에게 선물도 하고, 어머니는 대추, 생강 등을 넣고 푹푹 다려서 유미 아버지가 약주를 많이 드신 이튿날 아침에는 꼭 챙겨 드린다.

그러면 유미 아버지는 꼭, "어, 좋다!"하시며 몸을 풀곤 하셨다.

그런데 어느 날, 유미는 아버지와 같이 인삼밭에 갔다가 인삼밭의 좁은 이랑에서 쭈그리고 앉아 일하시는 외할머니를 보게 되었다.

"외할머니, 안녕하세요?"

"응, 유미 왔구나. 어서 오너라."

"그런데 외할머니, 온 몸이 흙투성이가 되셨어요. 뭘

하시는 거예요?"

"응, 어제 비가 왔잖니. 풀도 뽑고, 인삼종자도 심고 하는 중이란다."

외할머니와 함께 일하시는 아주머니들도 여럿 계셨는데, 모두 여간 불편한 모습으로 작업을 하시는 게 아니었다.

"할머니, 힘드시지요. 제가 할까요?"

유미의 말에 외할머니와 동네 아주머니들이 다같이 웃으셨다.

"뭐? 아서라. 고맙다만 너는 구경이나 해라. 이건 아무나 하는 일이 아닌겨."

그런데 유미는 외할머니의 일하시는 모습을 본 뒤로 마음이 편치가 않았다.

'어떻게 하면 일하실 때 허리와 무릎이 아프지 않고, 작업복에 흙도 덜 묻히며 능률적으로 일할 수 있을까?'

유미는 이런 생각을 하게 되었다.

사실 우리 나라의 농어촌 전역에서는 인삼재배뿐만 아니라, 각종 하우스 재배, 특용작물 재배, 그리고 농수산물의 채취를 위한 작업을 하고 있는데 종자를 뿌릴 때나 이식을 할 때 허리를 구부리고 일하는 경우가 많다.

요즈음 농촌에는 젊은 사람이 없고, 일손이 모자라 대

부분 그 힘든 일을 연세가 높으신 어른들이 하게 되므로 허리가 무척 아프다고들 하셨다.

그래서 유미는 몸에 가볍게 부착하여 손쉽게 이용할 수 있는 깔개를 만들면, 힘들게 일하시는 어른들에게 조금이라도 도움이 되지 않을까 생각하여 단계적으로 연구를 해보기로 하였다.

'우선, 1차 문제를 생각해 보자. 자주 옮겨 다니시니까 가벼워야 할거고…….'

유미는 생각나는 대로 차근차근 노트에 적어가며 그림으로 설계를 했다.

그리고 아버지께 자신의 생각을 말씀드렸다.

"우리 유미가 기발한 생각을 다 했구나. 그러면 막연하게 집안에서 생각하는 것보다는 실제 현장에 나가 더 조사를 해보고, 실용성을 검증해 보아야 할 것 같은데, 박사님 생각은?"

"와아, 우리 아빠 멋쟁이야! 그럼 깻잎 작목반 농장, 보리 재배 단지, 군산 항구의 조개까는 작업장 등 차례차례 다녀봐요. 친구 몇 명이랑 같이 가도 되지요?"

"물론이지. 내가 모실 거니까."

그렇게 조사를 마치고, 유미는 기구 제작에 들어갔다.

"허리띠를 허리에 맞게 조임을 이용하여 조이고, 요철 버클을 잠근 다음 편안하게 작업을 개시하면 된다."

"그런데 이동할 때는 어떻게 하지? 약간 불편한데……."

"그럼 허리띠를 자유롭게 조절할 수 있도록 조임을 부착해야겠어요."

"오, 이제 되었어."

"그 다음 늘임줄과 보조띠를 보완해 주고, 앞단추 2개를 따고 허리띠만 돌리면 뒷면이 오게 되죠. 또 의자를 뒤집어 사용하면 비료 등을 줄 때 편리하게 사용되도록 뚫어진 구멍을 막았어요."

유미는 시험제작한 발명품을 작업장에서 직접 사용해 보게 한 결과, 매우 좋은 반응을 얻었다.

"얏호, 뭔가 되어 가는데"

검증 결과에 자신을 얻은 유미는 보조띠를 나란히 맨 것보다는 가위형으로 매는 방법이 훨씬 더 편리하다는 것을 발견해 내고, 이 점을 개선하여 완성품을 직접 제작하였다.

완성품을 들고 유미는 아버지와 함께 제일 먼저 외할머니를 찾아갔다.

"외할머니, 어때요?"

"오, 정말 편리하구나."

"구체적으로 어떻게 편리한지 말씀해 주시겠어요?"

"응, 발명박사! 의자를 차고 다니니까 번거롭지 않고, 게다가 가벼워서 피곤하지가 않아요. 편하고 안정감이 있고, 그 뭣이냐 튼튼해서 좋아요."

"할머니, 그리고는 없어요?"

"예끼 욕심은…… 또 있지. 빠른 시간 내에 풀 수 있고, 풀을 뽑을 때, 종자를 놓을 때, 이식할 때 등 앉아서 하는 일에 두루 편리해요."

"장모님, 평가가 너무 훌륭하세요."

"내가 그렇게 잘 한겨?"

"그럼요, 외할머니! 백점이에유."

"에구 유미야, 고맙데이."

유미는 멀리서 손을 흔드시는 외할머니의 모습이 멀어
져가도 왠지 마음이 훨씬 가볍기만 했다.

'그래, 이제 외할머니 허리가 훨씬 덜 편찮으실거야.'

아버지는 유미의 발명품을 '효도의자'라고 이름지어 주
셨다.

이런 생각이 미래의 에디슨을 만들어요!!

'어떻게 하면 일하실 때 허리와 무릎이 아프지 않고,
작업복에 흙도 덜 묻히며 능률적으로 일할 수 있을까?
유미는 몸에 가볍게 부착하여 손쉽게 이용할 수 있는
깔개를 만들면, 힘들게 일하시는 어른들에게 조금이
라도 도움이 되지 않을까 생각하여 단계적으로 연구
해 보기로 하였다.

다목적 효도 의자

안전한 과일깎기 골무

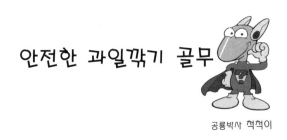

공룡박사 척척이

나연(계나연, 서울 경일 초등학교 6학년)이는 손놀림이 다소 둔하다.

아직은 어린 탓도 있겠지만, 얌전하고 솜씨가 좋으신 어머니에 비해 약간은 덜렁대는 편이다. 그래서 가끔 집에서도 어머니의 잔소리를 듣는다.

"나연아, 여자는 3씨가 좋아야 한단다."

"알아요 엄마! 마음씨, 맵씨, 그리고 소~옴씨……."

"저런, 또 낼름 말을 가로챘구나."

"죄송해요, 엄마. 하지만 저는 맵씨와 마음씨는 엄마를 닮았으니까 볼 것도 없고……, 그래서 이 담에 엄마처럼 맨날 퍼주다가 가난뱅이가 될까 봐 염려되는 면도 없진 않지만."

"아휴, 저 날랜 입 좀 보게."

"그리고, 요리 솜씨는 이 다음에 3개월만 요리학원에 다니면 조리사 자격증까지 따는 데 문제 없을 거고, 또 오 바느질 솜씨로 말씀드리면 옷은 사 입고, 꿰맬 것은 세탁소에 가면 끝인데, 결국 이 모든 것을 해결할 방법은 돈이고, 저는 돈만 잘 벌면 문제가 없을 것 같은데요. 엄마!"

나연이의 말에 어머니는 기가 차다는 듯 할 말을 잊으신 눈치였다.

"저 재잘대는 입을 보니 너의 선생님께서 속 꽤나 타시겠구나. 너희들 가르치시려면."

"이래뵈도 엄마, 학교에선 모범생이라니까요!"

"내가 두 손 들었다. 저 사과나 좀 깎아 봐라."

"제가 하면 엄마 손이 심심하실 텐데요. 히히히."

"앓느니 죽지. 아서라, 책이나 봐."

이렇듯 요리조리 피하며, 가사에 별로 관심을 두지 않았던 나연이에게 드디어 피할 수 없는 일이 닥쳐왔다.

얼마 전, 실과시간에 있었던 일이다.

"자, 이번 시간에는 과일을 깎아 상 차리는 실습을 하겠어요. 준비물은 다 가져왔겠지요?"

"예, 선생님!"

아이들은 목청도 크게 대답하며, 기다렸다는 듯 야단법석을 떨었지만 나연이는 속으로 은근히 마음이 졸여졌다.

'우, 원수는 외나무 다리에서 만난다더니 이젠 꼼짝없이 걸렸군. 어쩌지!'

그러나 언제까지 피할 수는 없었다.

사과를 한 번도 깎아본 적이 없는 나연이지만 서툰 솜씨나마 설레는 마음으로 열심히 손을 놀렸다.

사과의 살을 다 깎아내면서도 마침내 사과 하나를 무사히 깎을 수 있었다.

"오, 예!"

자신감이 생긴 나연이는 두 개째 사과를 깎고 있었다.

그 때 옆에 있던 친구가 말을 건넸다.

"나연아, 접시 하나만 빌려 줄래."

나연이는 사과를 깎으면서, 가방 속의 접시를 꺼내가라고 눈짓을 했다.

그러자 그 순간 일이 벌어졌다.

"아얏!"

잠시 방심한 사이에 나연이는 칼로 자신의 검지 손가락을 베어버린 것이다.

"오 마이 갓!"

나연이는 빨간 피가 멍울져 흘러내리는 손가락을 보며 현기증을 느꼈으나, 손가락을 움켜쥐고 속으로 생각했다.

'에이 참, 나처럼 과일 깎는 데 서투른 사람들도 손을 다치지 않고 안전하게 과일이나 채소를 깎는 방법은 없나?'

실과시간이 그럭저럭 끝나고, 다음 시간에도, 집에 돌아와서도 나연이는 반창고가 붙어 있는 손가락을 볼 때마다 그 생각을 했다.

'뭐, 좋은 수가 없을까?'

안전한 과일깎기 꼬무

그런데 마침 실이 필요하여 어머니 방에 들어갔을 때였다.

"엄마, 반짇고리 어디 있어요?"

"그건 왜? 오늘부터 얌전해지기로 했니? 우리 덜렁이가."

"놀리지 마세요. 엄마 말씀 안 듣고 까불다가 손을 베었어요."

"저런, 그러니 조심하라는 거야."

나연이는 어머니가 내미시는 할머니의 반짇고리에서 굵은 실을 찾아냈다.

그리고는 반짇고리 뚜껑을 닫으려는 찰라에 눈에 띄는 것이 있었다.

"우왓 바로 이거다. !"

할머니께서 바느질할 때 쓰시던 손때 묻은 조그만 골무였다.

그 골무를 보는 나연이의 머릿속에 어렸을 때, 할머니께서 이불 호청을 꿰매시며 손에 끼고 계시던 모습이 떠올랐다.

"으이그, 귀여운 것."

나연이는 반짝하고 떠오른 아이디어에 신이 나서, 골무를 손가락에 끼고 뽀뽀를 해댔다.

"그래, 바로 이걸 이용하는 거야."

과일이나 채소 등을 깎으면서 가장 다치기 쉬운 곳이 엄지손가락과 검지, 장지라고 나연이는 생각했다.

"그렇지만, 문제가 있네!"

왜냐하면 사람마다 손가락의 길이나 둘레가 각각 다르기 때문에 골무의 크기를 어떻게 해야 하느냐가 숙제였던 것이다.

"맞아, 골무를 손가락마다 다르게 낄 수도 없고 ……, 어쩌지?"

나연이는 어머니의 방을 나와, 밤이 깊어가는 줄도 모르고 골무의 형태를 연습장 위에 그려보고, 생각하다가 문득 고무장갑을 떠올렸다.

'그래 고무라면 어느 크기에도 잘 맞힐 수 있어. 늘어나고 줄어들고 하는 것이 문제없이 되니까!'

나연이는 그 순간 마치 발명가라도 된 것처럼 종이 위에 예쁜 골무를 그려 놓았다.

"명절날 떡을 썰거나, 칼질을 하시다가 어른들도 흔히 손을 베시는데 이 안전한 골무를 끼고 한다면 손을 보호하는 데 그만이겠어!"

나연이는 스스로를 칭찬하며 대견스럽게 생각했다.

마치 많은 사람들에게서 박수를 받은 것 같은 기분이

안전한 과일깎기 골무

들었다

"기분 짱인데. 발명은 재미있어."

나연이는 이 다음엔 더욱 노력해서 발명왕이 되어야겠다고 다짐했다.

이런 생각이 미래의 에디슨을 만들어요!!
에이 참, 나처럼 과일 깎는 데 서투른 사람들이 손을 다치지 않고 안전하게 과일이나 채소를 깎는 방법은 없나? 명절날 떡을 썰거나, 칼질을 하시다가 어른들도 흔히 손을 베시는데 이 안전한 골무를 끼고 한다면 손을 보호하는 데 그만이겠어!

보송보송 그림 물통

공룡박사 척척이

수진(함수진, 춘천 동부초등학교 4학년)이는 그림 그리는 것이 취미다.

그래서 무엇보다도 미술시간을 좋아하고, 그 시간이 제일 기다려진다.

지난 주말에는 아빠 엄마와 함께 야외에 놀러나갔는데, 그 때도 수진이는 화구를 가지고 갔었다.

"수진아, 너도 동생처럼 뛰놀지 않고 그림만 그릴래?"

어머니의 말씀에도 아랑곳없이 하얀 스케치북 위에 그림을 그리는 수진이를 보고, 아버지는 빙그레 웃으셨다.

"쟤가 할아버지를 닮았나? 조용하게 앉아 끄적거리는 것을 좋아하니⋯⋯."

"글쎄요. 화가가 되려나 봐요."

부모님도 수진이를 포기하고 동생과 공놀이를 시작했다.

수진이는 호수와 하늘과 나무와 풀들을 스케치하고 남은 자리에 적당한 구도를 잡아, 바로 공놀이 하는 아빠 엄마와 동생의 모습을 그려 넣었다.

'요건, 모르셨을 거야!'

맑은 하늘에 떠 가는 구름, 찰랑대는 파란 호수, 그리고 새파란 잔디 위에서 아이와 함께 즐거워하시는 부모님의 모습은 그야말로 한 폭의 풍경화였다.

'평화스럽고, 따사로운 햇볕 아래서의 가족소풍을 그리는 행복을 아마 사람들은 잘 모를거야!'

수진이는 속으로 생각하며 열심히 스케치를 하고, 크레파스로 형형색색의 옷을 입혔다.

회색 구름, 연두색 잔디, 투명한 하늘, 은빛 물결의 호수, 그리고 따뜻한 가족, 바람에 살랑대는 나뭇잎의 합창들…….

이윽고 수진이는 자리에서 일어났다.

"여보 수진이가 일어서는 것을 보니 갈 때가 다 된 것 같은데요."

"그러게나 말이오. 허허허 자식도…….

그러면 어김 없이 달려오는 동생에게 수진이는 슬며시 그림을 보여준다.

"누나, 다 그렸어? 어디 봐. 와, 여기 아빠 엄마와 내가 있네."

동생의 기뻐하는 모습을 보면 수진이의 마음도 매우 상쾌했다.

"정말 멋진 그림이구나. 이젠 집으로 가자. 오늘 소풍은 끝."

"랄라라, 룰룰 랄라~"

수진이네 식구들은 그렇게 집으로 돌아왔다.

그리고 금요일 셋째 시간.

'와, 즐거운 미술시간 …… 흐흐흐.'

생각만해도 마음이 들뜨면서 멋진 그림을 그릴 것 같은 예감에 수진이는 자신도 모르게 입가에 웃음을 머금었다.

"자. 모두 준비되었지요? 그럼 지금부터 그리도록 하세요. 제목은 자유."

선생님의 말씀에 수진이는 신나게 손을 놀렸다. 이미 머릿속에서 구도를 잡았고, 스케치는 수진이의 특기였다.

보송보송 그림 물통

'이만하면 내 맘에 쏙 들어!'

수진이는 스케치를 끝낸 그림에 만족해 하며 색칠을 하기 위해 자리에서 일어났다. 물통에 물을 받아와야 하기 때문이다.

그런데 화장실로 간 수진이는 기분이 언짢아져, 이마가 찡그려지기 시작했다.

"에잇, 이게 뭐야!"

지난 미술시간에 귀찮아서 물통을 대충 씻었더니 물통의 주름진 곳에 거무틱틱한 물감이 완전히 마르지 않은 채 남아 있어, 새로 뜨는 물도 지저분하게 되는 것이었다.

수진이는 다시 물통을 잘 닦고 나서 물을 새로 받을 수

어떻게 하면
편리하게 할 수 있을까?

밖에 없었다.

물을 받아서 교실로 왔지만, 신경질적으로 화가 남아 있어 그림이 제대로 그려질 것 같지 않았다.

수진이는 자리에 앉아 그림을 그리면서도 물통에 대한 개운치 않은 생각에 물통을 자꾸 생각하게 되었다.

그러다가 한참 그림에 몰두하다 보니 물통 생각은 자연히 잊혀졌다.

"드디어 완성이군. 어디 보자."

수진이는 완성된 그림을 들여다 보다가 어딘지 모르게 흡족하지 않은 것을 알았다. 자세히 들여다 보니, 바로 그 짜증스럽게 색칠한 부분이 제대로 그려지지 않았다는 것을 발견할 수 있었다.

"할 수 없지 뭐."

어떻든 이제 그림도구를 정리해야 할 시간이 되자, 수진이는 그림도구들을 들고 화장실로 갔다.

'다음 시간에 오늘처럼 짜증이 나지 않도록 하려면, 깨끗이 잘 닦아야지!'

마음속으로 다짐을 하고 깨끗이 닦으려 했지만, 물통의 주름진 곳에 칸칸이 시커먼 물감들이 박혀 있어 잘 닦이지 않았다. 주름 사이를 닦는 것도 불편했고, 그 사이에 물기가 남아 있어 가방에 넣으면 책도 젖을 것 같았다.

수진이는 화가 나려는 것을 꾹꾹 눌러 참으며 혼잣말로 중얼거렸다.

"물통이 너무 불편해, 좋은 방법이 없을까?"

그 때부터 어떻게 하면 편리한 물통이 될지 생각해 보았으나, 영 떠오르지 않았다. 그렇게 며칠이 가버렸다.

그러던 어느날, 우유 급식시간이었다.

"다 마신 우유 팩은 깨끗이 씻은 뒤 납작하게 눌러 놓으세요."

선생님의 말씀대로 습관처럼 우유팩을 씻어 납작하게 누르던 수진이는 그 순간 '아!' 하고 머릿속을 스치는 생각에 날아갈 것 같았다.

'그래! 바로 이거야. 수채화용 물통도 우유 팩처럼 접을 수 있도록 만들면 되겠어.'

물통을 원형이 아닌 사각형으로 만들고, 우유 팩처럼 꽉 누르면 접혀지는 그런 모양이라면 양도 줄어들고, 주름이 없어 물감이나 물기가 틈새에 남아 있지 않게 할 수 있을 것이다.

이런 생각이 들자, 수진이는 단숨에 집으로 달려가서 직접 만들어 보기로 했다.

그런데 사용할 재료가 마땅하지 않아 연구가 더 필요했다.

수진이는 이번 일을 통해 생활을 하다가 불편한 점이 있으면 '불편하다'고만 생각지 않고 '어떻게 하면 좀더 편리하게 할 수 있나?'를 궁리하기로 했다.

궁리하다 보면 반드시 문제를 해결할 수 있는 길이 열린다는 것을 깨달았기 때문이다.

이런 생각이 미래의 에디슨을 만들어요!!

"물통이 너무 불편해, 좋은 방법이 없을까?"
'그래! 바로 이거야. 수채화용 물통도 우유 팩처럼 접을 수 있도록 만들면 되겠어.'

자동 금붕어 먹이통

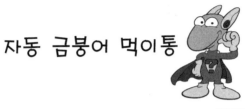

공룡박사 척척이

새 학년이 되었다.

경주(서경주, 충주 금가초등학교 6학년)는 학교 호랑이로
알려진 무서운 선생님이 담임이 되신 것을 알고, 지레 겁
을 먹었다.

그런데 경주의 담임선생님은 어느 날, 학급 조회시간
에 이렇게 말씀하셨다.

"자, 여러분! 1년 동안 우리가 함께 생활할 학급이니
살아 움직이는 교실로 만들어 보면 좋겠는데, 각자 좋은
방법을 잘 생각해서 다음 학급회의 시간에 발표해 보도록
해요."

"예, 선생님!"

경주는 무서운 선생님의 뜻밖의 제안에 놀라기까지 했다.

'어? 이상하다. 호랑이 선생님께서 꾸미는 것을 좋아하시다니!'

"자, 이제 우리 교실을 어떻게 하고 싶은지 의견을 내 봐요."

"선생님, 저요!"

제일 먼저 일어난 수현이가 말했다.

"선생님, 저는요 식물을 키워서 우리 교실이 맑고 깨끗해졌으면 좋겠어요."

"그래, 식물을 키우자. 또 다른 의견도 발표해 보세요."

"선생님, 저는 새를 길러보면 좋겠습니다."

"좋은 생각이에요. 또 말해 보세요."

"선생님, 저는 꽃을 길러보면 교실이 더욱 환해지고 밝아질 것 같아요."

아이들은 이렇게 여러 의견을 말했다. 그런데 경주는 속으로 다른 생각을 하고 있었다.

'그것보다 더 기르기 쉽고, 보면서 즐길 수 있는 것이 좋을 텐데, 무엇이 있을까?'

그때 마침 선생님이 경주의 이름을 부르셨다.

"서경주, 경주도 자신의 생각을 말해 봐요."

경주는 자리에서 슬며시 일어나 자신의 생각을 정리해서 말했다.

"선생님, 저는 기르기 쉽고 보면서 즐거움도 느낄 수 있도록 했으면 좋겠다는 생각이 들어서, 금붕어를 기르는 것이 좋겠다고 생각합니다."

"오, 금붕어! 그것도 좋은 생각인데, 그럼 누가 금붕어를 기르지?"

선생님의 말씀에 경주는 손을 번쩍들며 말했다.

"선생님, 제가 한 번 길러보겠어요."

"경주가? 좋아요. 잘 해 보세요. 회의는 이것으로 끝내겠어요."

방과 후 집으로 돌아온 경주가 그 날 학교에서 있었던 일을 어머니께 말씀드리자, 어머니는 용돈을 모아서 금붕어를 사는 것이 좋을 것 같다고 말씀하셨다.

"제 용돈을 모아서요?"

"응, 그래야 더 애착이 생기고 관심이 가지. 의미도 있고."

그래서 경주는 용돈을 모두 모아 그 돈으로 금붕어 두 마리를 샀다. 어항을 교실에 갖다 놓자 아이들이 무척 좋아하며 신기하다는 듯 구경을 했다.

"얘, 경주야! 이것 좀 봐. 왜 이렇게 이리저리 돌아다

니지?"

"응, 배가 고픈가봐."

경주가 먹이를 주자, 금붕어들은 좋아라 몰려와서 경주가 주는 대로 먹이를 받아 먹었다.

"어머, 먹이를 먹는 입 좀 봐, 정말 너무 귀엽다."

경주는 금붕어들이 먹이를 주는 대로 다 받아 먹자 배가 고픈 모양이라고 생각하며 가지고 있던 먹이를 몽땅 부어 주었다.

"많이 먹고 빨리 자라라, 금붕어야."

다음 날 아침, 경주는 학교에 도착하자마자 금붕어부터 살폈다.

자동 금붕어 먹이통

그런데 먹이를 달라며 반기고 있어야 할 금붕어가 물 위에 둥둥 떠서 죽어 있었다.

'어! 난 먹이를 준일 밖에 없는데.'

이상하다는 생각으로 백과사전을 찾아본 경주는 금새 얼굴이 달아올랐다.

'아, 먹이를 그렇게 많이 주면 안 되는 거구나, 에이 참 부끄러워! 금붕어야 미안하다.'

경주는 다시 한 번 길러보고 싶은 생각에 금붕어 두 마리를 또 샀다.

먹이를 다섯 개씩 세어 주었더니 금붕어가 오래 갔다. 금붕어는 건강하게 잘 지냈지만 잊지 않고 먹이를 주는 일이 귀찮아진 경주는 조그만 숟갈을 이용하여 먹이를 주었다.

'편리하긴 한데 매일 반복하려니까 이것도 싫증이 나네. 한 번에 먹이를 줄 수 있는 방법은 없나?'

경주는 이렇게 궁리하게 되었다.

그런데 좋은 생각이 잘 떠오르지 않아 답답하기만 했다. 그러던 어느 날, 경주가 주방으로 들어섰을 때였다.

'냉장고에서 시원한 쥬스나 꺼내 먹어야지!'

그런데 마침 경주 어머니는 수세미에 세제를 짜서 묻혀가며 설거지를 하고 계셨다.

'왓! 바로 저거야. 저 세제통!'

경주는 머릿속으로 어머니가 쓰시던 세제통 안에 먹이를 넣고, 그것을 어항에 넣어 버튼을 누르면 금붕어가 먹이를 맛있게 먹는 모습을 연상했다.

다음 날부터 경주는 자기의 생각을 곧바로 실천에 옮기기 시작했다.

'먼저 먹이통을 어항에 어떻게 달까 하는 것이 숙제군.'

경주는 생각하다가, 볼펜을 공책에 끼워서 놓는 것처럼 먹이통 뒤에 매다는 것을 붙여 어항 구석에 세워 놓았다.

"이건 아닌데. 버튼을 누를 때 불편해. 먹이통을 높이 매달아 두는 것이 좋겠어."

그렇게 생각한 경주는 아버지께 부탁하여 어항가에 플라스틱 막대를 달아 달라고 했다.

"오, 우리 경주가 어떻게 이런 기발한 생각을 했지!"

아버지는 흔쾌히 막대를 달아 주셨다.

막대 위에 먹이통을 끼워 놓았더니, 버튼을 누를 때 훨씬 편리했다.

"바쁠 때는 이렇게!"

그냥 버튼만 누르면 먹이가 나오니까 시간도 절약하

자동 금붕어 먹이통

고, 편리해서 좋았다.

"경주가 이런 멋진 발명을 했어?"

선생님께서 보시고 칭찬해 주셨다.

경주는 속으로 기분이 좋았다.

'칭찬 들어 좋고, 편리해서 좋고……'

이런 생각이 미래의 에디슨을 만들어요!!

경주는 머릿속으로 어머니가 쓰시던 세제통 안에 먹이를 넣고, 그것을 어항에 넣어 버튼을 누르면 금붕어가 먹이를 맛있게 먹는 모습을 연상했다.

'먼저 먹이통을 어항에 어떻게 달까 하는 것이 숙제군.'

신소재를 이용한 21C형 빗자루

공룡박사 척척이

비가 자주 오는 장마철이었다.

아침부터 장대 같이 쏟아지던 소낙비가 어느덧 맑게 개인 여름 날, **아영(최아영, 부산 운산초등학교 6학년)**이는 버스를 기다리기 위해 길가에 서 있었다.

'아, 이제야 비가 개었군.'

속으로 기뻐하며 길가에 서 있는데 빗물이 하수구 쪽으로 몰려들면서 길가의 쓰레기가 더 늘어나, 도로는 몹시 지저분해졌다.

환경 미화원 아저씨가 비를 들고 청소를 하고 계셨다.

'이런 날에도 청소를 하시네.'

아영이는 무심코 미화원 아저씨가 비질하는 모습을 보

고 있었다. 그러자 아저씨가 젖은 쓰레기를 쓸어 담느라
쩔쩔매는 모습이 눈에 들어왔다.

　게다가 빗물이 고인 도로를 쓸어 낼 때는 빗물이 사방
으로 튀어서 미화원 아저씨의 옷을 적시는 것은 물론이고
옆에 서서 버스를 기다리는 사람들에게도 튀어 올라 얼굴
을 찌푸리게 했다.

　"아저씨, 살살 하세요."

　"아, 미안해요. 그런데 아무리 조심하려고 해도 이 빗
자루는 워낙 뻣뻣해서 마음대로 안됩니다그려!"

　아영이는 잠깐 동안이지만 이런 광경을 보면서 속으로
생각하게 되었다

'아, 환경 미화원 아저씨는 정말 고생을 많이 하시는구나!'

이윽고 버스가 도착하여, 차에 오르고나자 환경 미화원 아저씨의 모습은 점점 멀어지게 되었지만 아영이의 머릿속으로는 많은 생각들이 떠올랐다.

'청소하는 일이 저렇게 힘들다니……. 더구나 깜깜한 새벽이나 밤에는 작업하는 것이 훨씬 더 힘들거야. 게다가 빗자루가 불편하다니 …… 무슨 좋은 방법이 없을까?'

아영이는 버스 안에서 내내 그 생각만 했다. 어떻게든 미화원 아저씨들을 도와드리고 싶었다. 그러나 방법은 쉽게 떠오르지 않았다.

"야, 즐거운 방학이다."

아영이는 여름방학을 맞이했다.

"얘, 아영이 니는 올 여름방학 동안에 무신 좋은 계획이라도 있나? 뭐가 그리 좋노?"

학교 대문을 나서며, 같은 반 친구 수현이가 물었다.

"응, 참 수현아! 너도 같이 갈래? 우리 오빠랑 LG 청소년 과학관에 가보기로 했거든."

"그래? 나도 거길 한 번 가보고 싶었는데 잘 됐다마, 같이 가제이."

"알았어, 갈 때 연락할게."

59

신소재를 이용한 2IC형 빗자루

드디어 어느 맑고 무더운 날, 아영이는 오빠와 친구 수현이와 과학관에 가게 되었다.

"와, 정말 신기한 것 많네. 그쟈?"

"그래, 내사마 눈 튀 나오겠다."

그곳에서 아영이는 신소재에 대하여 배우게 되었다.

"이것이 21세기 미래를 장식할 신소재란 말이제! 우야꼬 정말 희한타. 고흡수 폴리머와 카멜레온 염료라…….'

수현이가 감탄사를 연발하는 사이, 아영이의 머릿속으로 번쩍 스치고 지나가는 것이 있었다.

'맞아! 바로 이거야.'

"아영아, 다른 데로 가자. 뭘 그리 멍청하게 서 있나."

오빠의 재촉으로 아영이는 걸음을 떼었지만, 신소재에 대한 기억은 선명하게 남아 사진처럼 찍혀 있었다.

'아저씨들을 위해서 내가 할 수 있는 일을 찾아냈어. 「신소재와 빗자루와의 만남」, 정말 근사한데…….'

아영이는 신소재로 만든 빗자루를 머릿속에 그리며 구체적으로 노트에 설계를 시작했다.

'첫째로 이 빗자루는 고흡수 폴리머가 사용되기 때문에, 비질을 할 때 물이 튀지 않는다.'

고흡수 폴리머는 자기의 부피보다 훨씬 많은 양의 물을 5초 이내로 흡수할 수 있는 장점을 가지고 있다. 그래서 빗자루의 솔에 고흡수 폴리머를 넣어 만든다면 빗물도 흡수하고 비질도 할 수 있다.

그러나 폴리머라고 해서 무한정으로 물을 흡수할 수 있는 것은 아니기 때문에, 빗자루의 대도 검은 플라스틱이나 나무로 하고, 그 속을 폴리머로 채운다면 솔에서 흡수한 물이 뿌리에서 잎으로 올라가듯 대의 끝쪽으로 흡수된다.

'그러니까 빗자루를 분리형으로 만들어서 윗쪽의 대에 물이 차면 버리고, 새 것으로 갈아 끼우고, 아랫쪽의 솔부분이 낡아 수명이 다하면 그 솔을 갈아 끼우는거야.'

우리 나라는 주로 여름에 비가 쏟아지니까, 여름에 부속들을 한두 번만 교체하면 반영구적으로 쓸 수 있을 것이다.

"두 번째로, 미화원 아저씨의 안전을 위해서 카멜레온 염료의 성질을 잠깐 이용하는 거야."

카멜레온 염료는 온도, 날씨, 주변의 밝기에 의해 색이 변한다.

'빗자루에 카멜레온 염료를 발라놓으면 어떻게 될까?'

아영이는 혼자서 생각에 잠겼다.

빗자루 손잡이대의 한 부분을 3분의 1쯤 홈을 파서 카멜레온 염료를 발라 놓고, 그 위에는 자외선을 비추는 기계로 뚜껑을 대신해서 덮는다.

만일 누군가가 비양심적으로 아무데나 쓰레기를 함부로 버리면 뚜껑을 열어 경고를 하는 데 사용한다.

"이크, 내가 잘못했습니다. 아저씨!"

아니면 어두운 밤에나 새벽 청소를 할 때는 안전 신호기의 역할을 할 것이다.

아영이는 지금까지의 아이디어를 간추려 보며, 생각만해도 기분이 좋아졌다.

빗자루의 솔과 대의 속은 고흡수 폴리머로 채우고, 대의 겉은 색이 변하는 카멜레온 염료를 발라서 환경 미화원아저씨들이 편리하고, 안전하게 이용할 수 있는 날이 곧올 것이다.

"발명 파이팅!"

이런 생각이 미래의 에디슨을 만들어요!!

'청소하는 일이 저렇게 힘들다니 …… 더구나 깜깜한 새벽이나 밤에는 작업하는 것이 훨씬 더 힘들거야. 그런데도 빗자루가 불편하다니. 무슨 좋은 방법이 없을까?'
'만약 신소재와 빗자루가 만난다면 …… 정말 근사한데'

사랑의 휠체어

공룡박사 척척이

'오늘 선생님께서 들려주신 발명이야기는 정말 감동적이야. 공장 일을 마치고 집에 가던 사람이 비를 피하려다 발명하게 되었다는 쌍소켓이야기. 정말 우리는 주변의 일에 대하여, 너무 관심을 갖지 않고 살아 왔어. 나도 무슨 일을 하든지 생각하며 살아야지.'

학교에서 집으로 돌아가는 **지아(홍지아, 천안 양당초 등학교 5학년)**의 머릿속에는 발명이야기로 가득했다.

이런저런 생각을 하며 육교를 건너던 지아는 머리 위로 굵은 빗방울이 뚝뚝 떨어지는 것을 알았다.

'어! 빗방울이 떨어진다. 소나기가 오려나?'

하늘을 보니 갑자기 먹구름이 새카맣게 몰려 들고 있

었다.

잠시 후, 어두워진 하늘에서 굵은 빗줄기가 빠르게 쏟아져 내렸다.

'이크, 갑자기 웬 소나기야!'

지아는 소나기를 피하기 위해 정신없이 건물쪽으로 달렸다.

지아가 건물 밑에 도착했을 때였다. 어떤 아주머니 한 분이 휠체어에 앉아 있는 아이에게 비를 덜 맞치려고 몸을 움추린 채 비를 피하고 있었다.

어떻게든 도와드리고 싶었지만 지아는 용기가 나지 않아, 아주머니의 모습을 바라보고만 있어야 했다.

'저 아이에게 어떻게 해주는 것이 좋을까?'

지아는 선채로 내내 그 생각만 했다.

이윽고 얼마 동안의 시간이 흐르자, 비는 멈추었다.

"아휴, 이제야 멈추는군."

아주머니는 휠체어를 밀며 어디론가 사라졌고, 지아도 집으로 돌아왔다.

그런데 지아의 마음이 왠지 무거웠다. 지아의 눈앞에서 비를 맞고 있던 그 아이의 모습이 눈에 어른거려, 지아는 잠을 제대로 이룰 수가 없었다.

'아, 정말 안타까운 일이었어.'

  밤새 뒤척이던 지아의 머릿속을 불현듯 스치고 지나가
는 생각이 하나 있었다.

  '불편한 점을 해결하는 것이 바로 발명이랬지. 그래,
바로 그거야. 휠체어를 탄 사람이 비를 안 맞도록 발명을
하는 거야.'

  지아는 다음 날 아침부터 휠체어에 관련된 인터넷 자
료를 뽑아 보았다.

  '역시, 비를 피할 수 있도록 만들어진 휠체어는 없네.'

  지아는 그 때부터 어떻게 하면 비를 맞지 않는 휠체어
를 만들까 궁리하기 시작했다.

그러나 방법은 쉽게 떠오르지 않았다.

어느 맑게 개인 날 오후, 지아는 학교에서 돌아와 집 근처의 공원에 나가 놀고 있었다.

그런데 문득 지아의 앞으로 어린 아기를 태운 유모차가 지나가는 것이 보였다.

'와, 정말 예쁜 아기다.'

햇빛을 가리기 위해 유모차에는 넓은 차양이 드리워져 있고, 그 안에서 귀엽게 생긴 아기가 인형을 안고 생글거리고 있었다.

지나가는 아기의 모습을 물끄러미 바라보던 지아의 머릿속으로 확 스쳐가는 생각이 있었다.

'맞아, 바로 저거야. 비를 맞지 않게 덮개를 씌운 휠체어를 이용하는 거야. 그러면 간단하면서도 편리하게 비를 피할 수 있는 휠체어가 되잖아. 발명은 역시 쉬운 거로군.'

그러나 지아는 막상 만들려고 하니 그것이 그리 쉽지 않다는 것을 알 수 있었다. 휠체어는 유모차와 생김새는 조금 다르지만, 쓰임새는 비슷한 점이 많았다.

따라서 휠체어도 유모차와 같은 원리로 덮개를 씌우면 비를 피할 수 있겠다고 쉽게 생각한 지아가 도면을 그리다 보니, 그렇게 간단히 해결될 문제가 아니었던 것이다.

"그렇지만 할 수 있어! 내가 한 번 새롭게 설계를 해보고, 아빠께 도움을 청해 보자."

지아는 다 된 설계도를 아버지께 보여드리고, 자초지종을 설명했다.

"우와, 우리 지아가 언제 이런 기막힌 발명을 했지? 우리 집안에 발명가가 탄생했네."

지아의 아버지는 칭찬을 아끼지 않으시며 지아에게 말했다.

"그런데 지아야, 휠체어는 어린이뿐만 아니라 어른도 많이 사용하기 때문에 지붕이 좀더 커야 하지 않을까? 잘 연구해봐."

지아는 또 며칠간 고민하며 연구에 연구를 거듭했다.

'손잡이 부분에 천말이를 달고, 휠체어 앞부분에 받침대를 달면 비가 올 때, 천을 걸치기만 하면 비를 피할 수 있겠어.'

받침대는 우산처럼 접었다 폈다 할 수 있으므로 보관하기도 매우 쉽게 만들어졌다.

"아빠, 드디어 완성되었어요. 어때요?"

지아의 말에 아버지는 극구 칭찬을 하시며 기뻐하셨다.

"우리 홍씨 집안의 경사다. 지아가 이런 숨은 재주가 있는 줄 몰랐어."

지아는 다음 날, 자신이 만든 사랑의 휠체어 설계도를

선생님께 보여드렸다.

"선생님, 제가 생각해낸 것인데 어떤지 봐 주시겠어요?"

지아의 이야기를 다 듣고 난 선생님은 그림을 보며 말씀하셨다.

"우리 지아, 내년의 대통령상은 지아 것이 되겠어."

선생님께 칭찬을 크게 들으니, 지아의 기분은 마치 하늘을 나는 것 같았다.

'이 작품이 제작되어, 휠체어를 타고 다니는 사람들이 좀더 편리해진다면 얼마나 좋을까?'

생각만 해도 지아는 가슴이 벅차고 보람을 느낄 수 있었다.

이런 생각이 미래의 에디슨을 만들어요!!

'맞아, 바로 저거야. 비를 맞지 않게 덮개를 씌운 휠체어를 이용하는 거야. 그러면 간단하면서도 편리하게 비를 피할 수 있는 휠체어가 되잖아. 발명은 역시 쉬운 거로군.'

갈퀴손 대추 수확기

공룡박사 척척이

선정(박선정, 군산 신시도 초등학교 3학년)이네 동네는 고군산열도에 자리잡은 섬마을에 있다.

섬이지만 선정이네 집에서는 육지에서나 가꿀 수 있는 대추를 많이 가꾸고 있었다. 올해도 선정이네 집 울안에서는 대추나무에 대추들이 주렁주렁 열렸다

선정이가 사는 신시도는 어촌인지라 항상 일손이 부족하고, 선정이네 부모님은 사시사철 바쁘시다.

드디어 수확의 계절, 가을이 왔다.

따가운 여름 햇볕과 가을 바람에 고루 익은 대추들이 하늘을 배경삼아 오밀조밀 이마를 맞대고 있었다.

"올해도 대추 꽤나 따겠는걸."

잘 영근 대추를 바라보시며, 선정이 아버지는 말씀하셨다.

"그러게나 말이에요. 다음 토요일날 애들이 학교에서 돌아오면 대추를 따야겠어요."

어머니의 말에 선정이는 어깨를 으쓱해 보였다.

"엄마, 대추 따는 거 장난이 아니던데 또 따야 해요?"

"그래야 추석 때 너희들 신발도 사주고, 옷도 사줄 거 아냐!"

"이야, 신난다."

드디어 토요일 오후가 되었다.

"자 받아라!"

온 집안 식구돌이 장대와 막대기를 가지고 대나무 밑에 섰다.

"여보, 살살 두드리세요."

어머니의 말씀에도 아랑곳하지 않고, 선정이 아버지는 대추나무를 긴 장대로 두드리기 시작했다.

여기저기 대추들이 우수수 떨어져 나뒹굴기 시작하자 선정이네 할머니를 비롯하여 어머니, 동생, 선정이까지 온 집안 식구가 흩어져 있는 대추를 주워담기 시작했다.

그렇게 수확한 대추는 햇볕에 말려, 좋은 대추만 골라야 했다.

그런데 대추를 고르다 보면, 장대에 맞아 몸에 상처가
난 대추가 많았다.

"에이, 기껏 수확했어도 나가는 것이 더 많군."

상처난 대추는 상품가치가 떨어져, 선정이 부모님은
매우 속상해 하셨다.

그러자 그 모습을 여러 번 목격하게 된 선정이가 아버
지에게 물었다.

"아빠, 상처가 나지 않게 딸 수 있는 방법은 없나요?"

"그랬으면 오죽 좋겠냐만 방법이 없구나. 일손은 바쁘
고, 정말 아쉽다."

선정이는 마음속으로 생각했다.

'내가 상처도 나지 않고, 멀리 떨어지지 않게 하는 수
확기를 만들어 보겠어!'

그렇게 여러 번 다짐했지만 좀처럼 뾰족한 수가 떠오
르지 않아, 선정이는 며칠을 고민하며 지냈다.

'어떻게 해야 대추를 상처내지 않고 수확할 수 있지?'

그러던 어느 날, 선정이는 할머니께서 갈퀴를 이용하
여 마당을 정리하시며 청소하시는 것을 보게 되었다.

갈퀴로 마당을 한 번 긁으면 나뭇잎이나 쓰레기들이
옆으로 튕겨나가지 않고 모두 한데 모여 따라갔다.

"야, 바로 저거다. 야호!"

갈퀴손 대추 수확기

선정이는 손뼉을 치며 소리를 질렀다.

선정이는 할머니가 들고 계신 갈퀴를 가져다가, 더 자세히 살펴보며 연구해 보았다.

'음, 갈퀴와 같은 형태로 수확기를 만들되 갈퀴 사이의 틈으로 대추가 빠져나가지 않도록 좁게 하여 갈퀴를 위에서 아래로 긁어 내린다면 대추가 아무 데나 멀리 떨어지지도 않고, 상처가 나지 않겠어.'

선정이는 이렇게 생각하고, 설계도를 그렸다. 그것을 아버지께 보여드렸다.

"아빠 이것 좀 보세요. 이렇게 하나 만들어 주세요."

그러자 설계도를 보신 선정이 아버지는 웃으시면서 대

수룹지 않게 생각하셨다.

　"아빠, 이건 웃어 넘기실 일이 아니예요. 우선 한번 만들어 시험해 보시면 뭐가 다른지 아실 거예요."

　선정이가 자꾸 조르자. 아버지는 마지못해 설계도대로 만들어 실험해 보셨다.

　"선정아, 아이디어는 좋은데 틈이 너무 벌어져서 대추가 빠져 잘 따지지 않고, 도구가 너무 무거워 사용하는 데 불편하구나. 다시 한 번 잘 생각해서 만들어 보면 어떻겠니!"

　아버지의 말씀을 들은 선정이는 곧 다시 생각에 잠겼다.

　'아빠 말씀처럼 불편한 것을 개선할 다른 방법은 없을까?'

　선정이는 이런저런 생각으로, 엎치락뒤치락하며 무심코 자신의 손가락을 보게 되었다.

　'그렇다. 이 손가락처럼 움직여서 간격을 줄일 수 있도록 하면 되는 거야! 손잡이는 낚시대를 이용하면 훨씬 가벼워질거고…….'

　선정이는 다시 설계도를 그리기 시작했다.

　"아빠, 이렇게 다시 만들어 주세요."

　"오냐, 어디 보자."

　선정이의 이야기를 주의 깊게 들으신 아버지는 선정이의 생각이 기발하다며 칭찬해 주셨다.

"오 우리 선정이를 어린아이인 줄로만 알았더니 이제 보니 다 컸구나. 이런 기막힌 발명을 다하고……."

선정이는 아버지와 함께 몇 가지 고쳐야 할 점을 메모해 가며, 대추 수확기를 완성하게 되었다.

"아빠, 이제 다 됐으니 한 번 사용해 보세요."

"아니다. 이건 너무 편리하고 가벼우니, 엄마가 사용해 보시는 것이 더욱 좋겠다."

선정이가 만든 대추 수확기를 사용해보신 어머니는 정말 편리하다며 매우 기뻐하셨다.

"바쁜 수확기에 이 대추 수확기가 한 사람 몫을 하겠구나."

선정이는 이 다음에 더 훌륭한 여성 발명가가 되리라는 생각과 함께, 주변생활을 한층 더 관심 있게 보게 되었다.

이런 생각이 미래의 에디슨을 만들어요!!
'내가 상처도 나지 않고, 멀리 떨어지지 않게 하는 수확기를 만들어 보겠어!'
선정이는 아버지와 함께 몇 가지 고쳐야 할 점을 메모해 가며, 대추 수확기를 완성하게 되었다.

안전 조절 유모차

공룡박사 척척이

나리(신나리, 전주 전일초등학교 6학년)에게는 친구 같이 지내던 고모가 한 분 계셨다.

그런데 그 막내 고모가 시집을 가서 첫딸을 낳았다.

"나리야, 막내 고모가 예쁜 공주를 낳았단다."

"예? 공주요."

어머니의 말씀에 나리는 뛸 듯이 기뻤다.

'갓난 아기는 어떻게 생겼을까?'

그 후부터 나리의 머릿속에는 온통 갓난 아기 생각뿐이었다.

그래서 길을 갈 때는 상가의 유리 진열대에 놓인 귀여운 아기 옷, 모자, 양말 등을 보게 되고, 나리 옆으로 강보에 싸인 아기가 지나갈 때면 유심히 보게 되었다.

그러던 어느 날, 공원에 나갔다가 유모차에 아기를 태우고 나들이 나온 아주머니를 만났다.

마침 아주머니는 유모차를 밀며 내리막길을 내려오고 있었는데, 유모차가 자꾸 밑으로 내려가려 하며 기울기 때문에 애를 쓰고 있었다.

유모차에는 제동장치나, 그 밖의 내리막 길에서의 안전장치가 전혀 되어 있지 않았다.

이 사실을 확인한 나리는 머리를 갸웃거리며 생각에 잠겼다.

'왜 유모차에는 제동장치가 없지?'

그 생각과 더불어, 외국영화에서 엄마가 유모차를 놓쳐 유모차가 혼자서 비탈길을 마구 내려가다가 넘어지던 장면이 떠올랐다.

'그렇다면 시중에 나와 있는 유모차가 모두 제동장치가 없다는 말일까?'

나리는 학교에서 끝나자마자 유모차를 파는 가게에 들렀다.

"아저씨, 저 유모차 구경해도 돼요?"

나리의 말에 가게주인은 선선히 허락을 했다.

"구경하는 것은 공짜지만 함부로 만져서는 안 된다. 알

았지? 꼬마손님."

"예! 아저씨, 감사합니다."

나리는 유모차를 이리저리 살폈으나 어디에도 안전
장치나, 비탈길에서 세울 수 있을 만한 마땅한 장치가 없
었다.

그것을 확인하자 나리는 마음 속으로 결심했다.

'고모가 편리하게 사용할 수 있는 유모차를 발명하여
선물로 줄거야.'

그런데 어떻게 해야 좋을지 뾰족한 수가 떠오르지 않

았다.

그러던 어느 토요일 오후, 나리는 어머니를 따라 대형 슈퍼마켓에 쇼핑을 가게 되었다.

크고 으리으리한 대형매장 안에는 층수에 따라 식품부, 전자제품 등 가전제품부, 완구 및 인형부, 의복, 가구 등 없는 것이 없을 정도로 가득했다.

"와!, 정말 크다. 없는 게 없네."

층별로 신나게 구경을 마친 나리는 어머니가 쇼핑하신 물건들을 쇼핑카에 싣고 아래층으로 내려오게 되었다.

쇼핑카는 아이들이 탈 수도 있을 만큼 크기도 했지만, 에스컬레이터 위에 세워 두어도 받침쇠가 있어 고정시켜 둔 채로 끄떡없이 밑으로 내려올 수가 있었다.

그 순간 나리의 머릿속으로 번쩍 떠오르는 생각이 있었다.

'왓, 바로 이거다. 유모차에도 고정쇠를 달아서 세워두고 싶을 때 언제 어디에서든지 세울 수 있게 하는 거야.'

나리는 쇼핑을 마치고 집으로 돌아오는 길에 갖가지 생각을 했다.

'어떻게 고정쇠를 부착하고, 어느 곳에 스위치를 달까?'

나리는 집에 도착하자마자 자신의 생각들을 한데 모아

설계도면을 그렸다.

'우선은 그냥 그대로의 유모차 손잡이를 최대한으로 이용하는 거야. 그럼 어떤 방식으로 할까?'

이런저런 생각 끝에 나리는 유모차의 손잡이에 플라스틱으로 손가락의 가운데 마디만 덮게 하는 장치를 고안해 냈다.

그것을 스위치와 연결시켜 엄지 손가락으로 스위치를 밀면 '탁'소리와 함께 풀려지는 유모차였다.

"엄마, 이 유모차는 내리막길을 갈 때도 손을 놓아 아기가 다칠 염려가 없고, 유모차와 함께 아기를 잃어버릴래야 잃어버릴 수가 없어요. 어때요?"

나리는 자신이 그린 설계도를 어머니께 보여드리며, 자세하게 설명했다.

그러자 나리 어머니는 칭찬을 아끼지 않으셨다.

"우리 나리가 발명을 다 했구나. 고모네 아기에게 정말 좋은 선물이 되겠어. 그런데 나리야, 이 엄마가 유모차를 써보니까 우유병이나 아기 기저귀, 아기옷 등을 꼭 함께 챙겨야 하는데 마땅하게 둘 데가 없어 불편하더구나. 그것까지 연구해 볼래?"

어머니의 말씀을 들은 나리는 다시 궁리하고 연구한 끝에 슈퍼마켓에서 본 쇼핑카처럼 유모차의 밑에 무언가를 더해보기로 했다.

'주머니를 달까? 아니면…….'

나리는 동서남북을 철조망 같이 구멍이 난 망으로 막기로 했다.

'이렇게 하면 아기용품들을 가방에 담아 따로 멜 필요 없이 유모차 밑에 함께 실을 수 있겠어.'

마침내 완성된 도면을 가지고 어머니께 간 나리는 신이 나서 설명했다.

"엄마, 이제 어떤지 봐주세요."

그러자 나리 어머니는 정말 훌륭한 아이디어라며 매우 칭찬해 주셨다.

그리고 나리 어머니는 나리 아버지께 말씀드려, 나리의 발명품 1호를 직접 만들어보는 것이 어떻겠느냐고 했다.

"정말이세요? 엄마!"

드디어 나리의 아버지는 유모차를 직접 사오셨다.

"와, 정말 발명을 하게 되었네."

나리는 아버지의 도움을 받으며, 안전하고 편리한 유모차를 완성하게 되었다.

"과연 안전한 유모차구나."

아버지와 어머니의 칭찬을 들으며, 나리는 예쁜 공주

에게 선물할 유모차를 자신의 방에 들여놓았다.

'다음 달쯤에는 아기가 탈 수 있을까?'

아기와 만날 날을 손꼽아 기다리는 나리의 머릿속으로 방긋 웃는 아기의 얼굴이 그림처럼 떠올랐다.

이런 생각이 미래의 에디슨을 만들어요!!

'그렇다면 시중에 나와 있는 유모차가 모두 제동장치가 없다는 말일까? 왓, 바로 이거다. 유모차에도 고정쇠를 달아서 세워두고 싶을 때 언제 어디에서든지 세울 수 있게 하는 거야.'

안전 조절 유모차

기발한 재활용 편지지

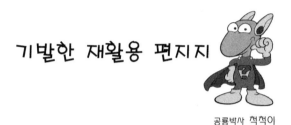

공룡박사 척척이

학기 초, **선영(오 선영, 경북 김천초등학교 6학년)**이는 설레이는 마음을 안고 반 배정을 받은 곳으로 갔다.

6학년 5반이라고 쓰여 있는 교실이 있었는데, 그리 예쁘게 꾸며 놓지는 않았지만 깔끔해 보이는 곳이었다.

아직 친숙해지지 않아 서먹서먹한 교실 분위기는 썰렁하기 그지 없었다.

"아휴, 썰렁해!"

선영이는 그 동안 친했던 친구들과는 뿔뿔이 흩어져버려, 슬픈 마음을 감출 수가 없었다.

그리고 정말 재미 없는 1학기가 선영이에게 시작되고 있었다.

'모든 친구들이 다 나를 피하는 것처럼 서먹하게 느껴져 이러다가 내가 왕따 당하는 것은 아닐까?'

선영이는 이런 생각으로 불안하기도 하고, 쓸쓸하기도 했다.

'어떻게 하면 친구들과 친해질 수 있을까?'

선영이는 길을 걸을 때도, 잠을 자다가도 이런 생각을 떠올리게 되었다.

그러던 어느날, 학교에서 돌아온 선영이에게 어머니께서 심부름을 시키셨다.

"선영아, 너 사진관에 가서 사진 좀 찾아다 줄래?"

"예, 엄마! 어느 사진관이에요?"

"길 건너서 조금 가면 있지 않니."

"알았어요. 엄마."

선영이가 사진관으로 들어섰을 때, 구석에 잔뜩 쌓아 놓은 폐필름이 눈에 띄었다.

"사진을 찾아 나올 동안 잠깐 앉아서 기다려라."

사진관 아저씨의 말씀에 대답을 하고 난 선영이는 필름들을 만져 보았다.

그러다가 아주 적은 양이지만 필름이 남아 있는 것을 보게 되었다. 그래서 옆의 손잡이를 돌리자, 필름이 나왔다 들어갔다 했다.

그것을 보는 순간 선영이의 머릿속으로 떠오르는 것이
있었다.

'만일 여기에 종이를 붙이면 어떻게 될까?'

그때 사진관 아저씨가 안에서 나왔다.

"자, 사진 여기 있다."

"예, 아저씨! 그런데 이 필름을 얻을 수 있을까요?"

"못쓰는 필름이니 가져가도 좋아."

선영이는 아저씨께 감사하다는 인사를 하고는 폐필름
을 한아름 안고 집으로 돌아왔다.

"엄마, 다녀왔습니다. 사진 여기 있어요."

"응, 선영아! 수고했다. 그런데 그것들은 다 뭐냐?"

"제가 쓸 데가 있어서요."

선영이는 방안으로 들어가, 먼저 종이를 필름 크기로 잘라서 남은 필름 끝에 붙이고 그 위에 편지를 썼다. 물론 서먹서먹한 친구들에게였다.

그리고 나서 선영이는 옆의 손잡이를 돌렸다. 예상대로 편지는 잘 감겨 들어갔다.

'이제, 이 편지지의 끝을 테이프로 이렇게 몇 번 감아 주면, 같이 감겨 들어가지 않겠지.'

그렇게 감아 돌린 편지지를 필름통에 넣고, 선영이는 보내는 이, 받는 이를 써 놓았다.

'자 이젠 이 편지를 친구들의 책상 서랍이나 가방 속에 넣어두면…….'

선영이는 필름 편지를 받고 나서 즐거워할 친구들의 표정을 생각하니 저절로 웃음이 터져 나왔다.

"히히히……."

혼자서 실없이 히히덕거리는 선영이를 보고 선영이 어머니는 의아해 하셨다.

"선영이가 무슨 기분 좋은 일이라도 있는 모양이구나."

"예, 엄마 그런 게 있어요."

선영이는 그렇게 몇 통의 편지를 써가지고 친구들과

주고 받았다.

"선영아, 네 편지 잘 받았다. 실은 나도 너와 친하게 지내고 싶었지만 말을 꺼내기가 쑥스러웠어."

친구들로부터 금방 반응이 오자, 선영이는 정말 기뻤다.

"야호!"

선영이는 친구들과 사이좋게 지내게 되자 학교생활도 훨씬 즐거웠다.

"선영아, 나도 그 편지 쓰는 방법 좀 알려 줄래?"

이렇게 다가오는 친구들에게 필름 편지 요령을 가르쳐 주면서 필름 편지지는 유행처럼 번져나갔다.

선영이는 이 사실을 부모님께 말씀드렸다.

"아빠 엄마, 제 인기가 날로 높아가는 사실을 모르시죠?"

"뭐라고? 오선영이가 떴단 말이야?"

"네, 실은 제가 뜬 게 아니라 제가 고안한 필름 편지가 떴지요."

"필름 편지?"

선영이의 설명을 들으신 부모님께서도 정말 좋은 생각이었다며 칭찬하셨다.

그 필름 한통으로 일궈낸 우정을 생각하면 너무나 고

맙고 자랑스럽던 어느 날, 선영이는 컴퓨터실에 가게 되었다.

"자, 지금부터 디스켓의 내부 구조에 대해서 설명하겠어요."

선생님께서는 이 말씀과 함께 디스켓을 해체지경까지 몰고 가셨다.

모든 교육이 끝난 후, 선영이는 그 디스켓을 가져가 워드프로세서 시험에 대비한 공부를 하기로 했다.

"이거 정말 신기하네."

디스켓을 찬찬히 살펴보는 선영이의 옆에서 사촌동생이 화이트를 쥐고서, 디스켓의 섹터에 낙서를 하기 시작했다.

"안돼!"

선영이가 말렸지만 사촌동생은 막무가내였다. 그 때 선영이의 머릿속으로 번쩍 스쳐가는 것이 있었다.

'그래, 디스켓도 유용한 편지지로 쓸 수 있겠어. 훼손된 디스켓 편지지!'

선영이는 못쓰게 된 디스켓을 구해서 포맷하는 대신 뜯어서 섹터에다 편지를 썼다.

'이건 나의 새 편지지보다 훨씬 더 좋은 걸. 아마, 내가 발명한 탓일 거야. 선생님께서도 못 쓰게 된 디스켓

기발한 재활용 편지지

때문에 꾸중을 하시려다가 오히려 칭찬을 하시게 될거
야.'

　　선영이는 마음 속으로 이런 생각을 하며, 선생님께 디
스켓 편지를 썼다.

이런 생각이 미래의 에디슨을 만들어요!!
'그래, 디스켓도 유용한 편지지로 쓸 수 있겠어. 훼손
된 디스켓 편지지!'
선영이는 못 쓰게 된 디스켓을 구해서 포맷하는 대신
뜯어서 섹터에다 편지를 썼다.

비닐에 환기통을 뚫는 기구

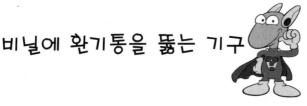

공룡박사 척척이

경아(권경아, 대전 용전초등학교 4학년)는 해마다 방학이
되면 시골에 계신 할아버지댁에 가곤 한다.

"야, 방학이다."

경아의 말에 어머니께서 웃으셨다.

"그렇게 좋으니?"

"그럼요, 방학을 했으니 이제 할아버지댁에 갈 수 있잖
아요."

"그렇구나. 마음껏 뛰놀다 오너라."

드디어 경아는 동생과 함께 버스를 타고 할아버지댁에
가게 되었다. 도시의 답답함을 뒤로 하고, 공기 맑고 조용
한 시골길에 들어서자, 경아는 벌써부터 마음이 시원해지

는 것 같았다.

"누나, 이번에도 식물과 곤충들을 많이 볼 수 있겠지?"

"물론이지, 지난 번에 가보지 못한 산을 한 번 가 보자."

경아는 동생과 함께 이 산 저 산 뛰어다닐 것을 생각하면 설레이기까지 했다.

"할아버지, 안녕하세요?"

할아버지 댁에 들어선 경아는 멀리서 일하고 계신 할아버지를 발견하고, 그 쪽으로 다가갔다.

"오냐, 어서들 오너라."

"그런데 할아버지 지금 뭐하세요?"

경아의 물음에 할아버지는 놀리시던 손을 멈추시며 대답했다.

"응, 비닐하우스 안이 너무 더워서 환기구멍을 내고 있는 중이란다."

"할아버지, 저희가 도와드려요?"

"너희들이 할 수 있겠니?"

"그럼요."

경아는 할아버지를 도와 사다리 위에 올라가서 칼로 비닐을 둥그렇게 오려 나갔다. 그런데 얼마되지 않아 그 일이 보기보다 매우 힘들고 어려운 일이라는 것을 알게 되었다.

사다리 위에 오르니 몸이 떨리고 무서워서 떨어질 것
만 같았던 것이다. 더구나 예리한 칼로 둥근 원을 오려내
야 하니 고통스럽기 그지 없었다.

'우와, 무서워!'

경아는 일을 시키시는 할아버지께서 걱정하실까봐,
소리를 지르지도 못하고 속으로만 무서움에 떨며 그 일을
했다.

'이건 정말 장난이 아니네! 늙으신 할아버지께서 이런

비닐에 환기통을 뚫는 기구

힘든 일을 하신다는 것은 정말 무리야.'

경아는 갑자기 할아버지가 측은해 보여 견딜 수가 없었다.

경아의 할아버지는 경아네가 대전으로 이사하면서 함께 가시자고 졸랐지만, 농촌이 좋다며 시골에 남아 힘든 비닐하우스 농사를 짓고 계셨다.

간신히 일을 끝낸 경아는 할머니와 마주 앉았을 때, 충격적인 이야기를 듣게 되었다.

"경아야, 너희들이 환기통을 냈다면서 무섭지 않았어?"

"네에, 할머니 조금 떨렸어요."

"그래도 용하구나. 작년에 네 할아버지께서는 그 일을 하시다가 사다리에서 떨어져서 크게 고생을 하셨단다."

"네? 할아버지께서 많이 다치셨었나요?"

"많이 다치시지는 않았지만 큰일날 뻔했지. 조심해야 한다. 너희들도……."

할머니의 말씀을 들으며, 경아는 속으로 생각했다.

'불쌍하신 우리 할아버지! 이번 방학 동안에 어떤 일이 있어도 할아버지의 고통을 해결해 드려야지!'

그렇게 다짐을 했지만, 막상 좋은 방법이 떠오르지 않아 경아는 고민하기 시작했다.

'일일이 칼로 비닐을 오려내는 것보다 더 쉽고 편리한 방법은 없을까?'

경아의 마음과 정신은 온통 그것에만 쏠리고 있었다.

그러다가 강아지 밥을 주기 위해 뒤껼으로 돌아간 경아의 눈에 번쩍 띄는 것이 있었다.

"저것을 이용한다면?"

그것은 뒷뜰에 버려진 깡통들이었다. 깡통은 끝이 뾰족하여 비닐을 쉽게 찢어낼 수 있을 것 같았다.

경아는 깡통끝을 뾰족하게 날을 내서 힘있게 비닐을 찍었다. 그러자 "찍" 하는 소리와 함께 비닐에 구멍이 뚫렸다.

'아, 역시! 내 생각이 옳았어.'

자신감을 얻은 경아는 생각에 생각을 더했다.

'그렇다면 깡통 하나보다는 두 개로 하면 일의 능률이 오르겠구나!'

그렇게 생각한 경아는 깡통 두 개를 사용하려 했으나 문제가 생겼다.

'깡통 두 개를 연결하기가 어려워.'

경아는 도중에 포기할까 생각도 해봤지만 할아버지께서 높은 사다리 위에서 힘든 작업을 하실 것을 생각하니 도저히 포기할 수가 없었다.

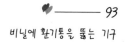

'안 되지, 다시 시작해 보자.'

경아는 용기를 내서 설계를 시작했다.

두 개의 깡통에 손잡이의 간격과 길이를 마음대로 조절할 수 있는 기구가 있으면 좋을 것 같아 설계도를 그린 경아는 시내의 목공소 아저씨를 찾아갔다.

"아저씨, 안녕하세요? 이 그림대로 깡통을 조절할 수 있게 만들어 주실 수 있나요?"

경아의 설명을 들은 아저씨는 좋은 생각이라며 깡통 사이의 거리와 길이를 조절할 수 있도록 홈과 나비너트를 이용하여 만들어 주셨다.

'참 고마우신 아저씨야!'

집에 돌아온 경아는 먼저 실험에 들어갔다. 결과는 성공적이었다.

그러나 경아는 뚫어진 비닐 구멍을 보면서, 작업이 쉽고 편리해지기는 했지만 노인에게는 아무래도 힘들 것 같다는 생각을 했다.

'더 좋은 방법이 없을까?'

궁리했던 경아의 머릿속으로 니크롬선이 떠올랐다.

'아, 전기의 힘을 이용하면 되겠다.'

경아는 전파사에 가서 깡통 둘레에 니크롬선을 연결하여 실험해 보았다.

비닐은 "지지직" 소리를 내며 둥그렇게 뚫어졌다.

시범을 보이는 경아를 보시며 할아버지는 눈물을 흘리셨다.

"어린 네가 이런 것을 만들다니!"

정말 보람 있는 여름방학이었다.

이런 생각이 미래의 에디슨을 만들어요!!

'일일이 칼로 비닐을 오려내는 것보다 더 쉽고 편리한 방법은 없을까? 아! 저것을 이용한다면?' 그것은 뒷뜰에 버려진 깡통들이었다.

'깡통 하나보다는 두 개로 하면 일의 능률이 오르겠구나!' 두 개의 깡통에 손잡이의 간격과 길이를 마음대로 조절할 수 있는 기구가 있으면 좋을 것 같아 설계도를 그렸다.

비닐에 환기통을 뚫는 기구

단추를 누르면 펼쳐지는 텐트

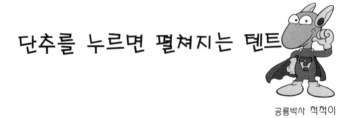

공룡박사 척척이

수왕(한수 왕, 대구 대남초등학교 4학년)이네는 가족과 함께 야외 나들이를 자주 하는 편이다.

여름이나 겨울방학, 혹은 아빠의 휴가기간을 봄방학에 맞추거나, 공휴일, 주말 등을 통해 우리 나라의 유명한 산이나 바다는 안 가본 곳이 거의 없을 정도다.

그러다 보니 텐트와 배낭, 코펠은 아주 필수품이 되어 버렸다.

지난 여름방학 때의 일이다.

아빠, 엄마와 함께 지리산을 찾은 수왕이는 텐트를 칠 수 있는 적당한 곳을 발견하고 짐을 풀었다.

"수왕아, 우리는 여기에 텐트를 치자."

"네, 아빠!"

수왕이는 아빠를 도와 텐트칠 준비를 하고, 수왕이 어머니는 식사준비를 하기 위해 식수가 있는 곳으로 가셨다.

"수명이는 엄마를 도와 드려라."

"네, 야! 신난다."

코펠을 들고 어머니를 따라나서는 동생 수명이의 덜렁대는 모습을 모며 수왕이는 씨익 웃었다.

"자식, 되게 좋은가 보네!"

"왜, 너는 싫으냐?"

"아빠도 참, 그건 아니고예!"

"그럼 빨리 텐트나 치자. 햇볕이 따갑다."

"알았어요. 아빠."

수왕이와 아버지는 기둥을 세우고, 텐트를 치느라 땀을 뻘뻘 흘리고 있었다.

"그런데 아빠, 저는 텐트를 칠 때마다 느끼는 것인데요. 이렇게 번거롭게 칠 것이 아니라, 단번에 칠 수 있는 좋은 방법은 없을까요?"

"텐트를 단번에 칠 수 있는 방법? 그렇지, 정말 편리하겠구나. 그런데 그런 방법이 있을까?"

"한번 찾아 봐야지요."

"그거 정말 좋은 생각이다. 그럼 네가 한번 연구해 보

단추를 누르면 펼쳐지는 텐트

아라."

수왕이는 그렇게 해서, 텐트를 한꺼번에 칠 수 있는 좋은 방법을 생각해 보기 시작했다.

'자동문처럼 스위치만 누르면 좌악 펼쳐지는 텐트⋯⋯ 그런거 없나?'

"뭘 그렇게 생각하니? 뜨거운데 텐트나 마저 손보지 않고⋯⋯."

수돗가에서 돌아오신 수왕이 어머니가 수왕이에게 핀잔을 주셨다.

"그래, 형! 빨리해. 텐트 속으로 들어가고 싶어."

그러자, 수왕이 아버지께서 수왕이에게 한쪽 눈을 찡긋 감아 보이시며 말했다.

"수왕아, 빨리 끝내자."

"네, 아빠! 이쪽은 제가 끝낼게요."

계곡에서 물장구를 치고, 가재도 잡으며 수왕이네 가족은 즐거운 하루를 보냈다.

"랄랄라, 불가에 마주 앉아⋯⋯."

산에 오르기도 하고, 뛰어 내리기도 하며 며칠을 보낸 수왕이네 가족은 모두 대구로 돌아왔다.

그러나 수왕이의 머릿속은 온통 자동으로 펼쳐지는 텐트로 꽉 차 있었다.

　'어떻게 하면 한꺼번에 텐트가 쫙 펴지게 할 수 있을
까?'

　그렇게 여름방학이 다 끝나고, 가을로 접어들면서 수
왕이는 열심히 학교에 다니고 있었다.

　"수왕아, 비가 온다. 빨리 준비해라."

　어느 이른 아침, 수왕이는 어머니의 목소리에 잠이 깼다.

　"비가 와요? 가을에 무슨 비람! 아이고, 서둘러야 하
겠네."

　"수왕아, 우산 이거 엄마껀데, 또 잊으면 안 된다. 잘
챙겨와라."

단추를 누르면 펼쳐지는 텐트

수왕이는 등교준비를 마친 뒤 어머니께서 꺼내 주시는 파란 우산을 받아들며 신발을 신었다.

"어, 이건 못 보던 우산인데!"

"그러니까 잘 챙기라는 거야, 자동 3단 우산이다."

"정말, 조그맣고 좋은데! 어디…….."

수왕이는 우산을 펼쳐들었다가 갰다 해 보았다.

"와, 정말 편리하다!"

그러다가 문득 떠오르는 생각에 수왕이는 정신이 번쩍 들었다.

"그렇지! 바로 이거야"

그 날, 학교에서 돌아오기가 무섭게 수왕이는 3단 우산에서 얻은 힌트로 한꺼번에 펼쳐지는 텐트를 구상하기 시작했다.

"아버지, 드디어 알아냈어요. 단추 하나로 쫙 펼쳐지는 텐트말이에요."

"오, 그래? 좋은 생각이 떠올랐어? 그럼 빨리 만들자."

"지금은 구상중이니까, 만드는 것은 나중에 함께 해봐요."

그리고 해가 바뀌어 여름휴가를 맞이했다. 이번에는 바닷가로 가기 위해 짐을 꾸리는 아버지께 수왕이는 단추를 누르면 펼쳐지는 텐트를 사용하자고 졸랐다.

"그럼 지하실에 있는 텐트를 점검해 보자꾸나."

이윽고 수왕이 아버지는 지하실에서 조그만 텐트가방을 가지고 나오셨다.

"애개, 아빠, 무슨 텐트가 이렇게 작아요? 다른 집 건 커다랗던데……."

동생이 눈을 커다랗게 뜨고 쳐다보자, 아버지는 텐트 가방 손잡이 옆에 붙은 500원짜리 동전크기만한 빨간 단추를 살짝 누르셨다. 그때 갑자기 "좌~악" 소리를 내며 에스키모인들이 사는 얼음집 모양의 둥근 지붕을 한 멋진 텐트가 마당 한가운데 자리잡고 앉았다. 순간 수왕이와 동생은 박수를 치며 좋아했다.

"야호! 아빠, 이게 우리가 겨울방학 때 발명한 그 텐트 맞아요?"

"그래, 그 텐트에 방수천을 덧붙이고 출입구에 자동지퍼를 새로 달았다."

수왕이는 입구에 달린 지퍼 단추를 눌렀다. 텐트의 출입구에는 노란 덧문이 달려 있고, 천장의 멜라닌 전구에 분홍색 불빛이 흘러나오고 있었다.

안은 꽤 넓어 여섯 명 정도가 잘 수 있는 공간으로 보였고, 바닥은 압축솜 위에 투명 비닐이 깔려 있어 포근하였다. 지붕으로 연결된 여섯 개의 기둥 역할을 하는 것은 스테인레스로 특수제작했고, 그 기둥이 가방 손잡이의 단추와 연결되어 건전지를 이용해서 자동으로 펼쳐지고 접혀졌다.

"아빠, 너무 훌륭해요. 빨리 가요."

단추 하나로 단번에 텐트를 접으며, 수왕이는 호들갑을 떨었다.

이런 생각이 미래의 에디슨을 만들어요!!

"그런데 아빠, 저는 텐트를 칠 때마다 느끼는 것인데요. 이렇게 번거롭게 칠 것이 아니라, 단번에 칠 수 있는 좋은 방법은 없을까요?"

수왕이는 3단 우산에서 얻은 힌트로 한꺼번에 펼쳐지는 텐트를 구상하기 시작했다.

제1부 물음이의 발명일기

제 2 부
느낌이의 발명일기

물음이와 느낌이

우산꽂이 가방

공룡박사 척척이

"앗, 또 우산을 교실에 두고 왔네."

예진(김예진, 안동 길주 초등 학교 5학년)이는 현관까지 내려와 비가 오는 것을 보고서야, 뉴스를 듣고 챙겨 왔던 우산을 교실에 두고 왔다는 사실을 깨달았다.

'어휴, 아침에는 오지도 않던 비가 왜 하필 지금 오는 거야?'

예진이는 4층에 있는 교실까지 올라가서, 우산을 챙겨 쓰고 집에 오는 동안 내내 투덜거렸다.

우산을 두고 와서 4층까지 올라갔다 온 것보다도 이런 일이 비오는 날에는 자주 있었고, 그 때문에 우산을 학교나 학원에 두고 오는 날이 많아 예진이는 몹시 짜증이 난 것이다.

"에이 참, 왜 비는 오다 말다 하는거야. 오려면 계속 오고, 안 오려면 처음부터 오지 말지."

집에 들어서며 투덜대는 예진이를 어머니는 반갑게 맞이해 주셨다.

"예진아, 좀 늦었구나."

예진이는 어머니께 투정을 부렸다.

"엄마, 사실은 오늘도 학교에 우산을 두고 나와서, 다시 갖고 오느라고 늦었어요."

그러자 예진이 어머니께서는 예진이를 야단치기는커녕 오히려 약을 올리셨다.

"예진아, 건망증은 약도 없단다. 네가 우산을 잃어버리지 않는 방법을 연구해 보렴."

"아이 참 엄마도…….."

처음에는 어머니께서 놀리시는 것에 약이 올랐던 예진이였지만, 방안에 들어가 곰곰이 생각하게 되었다.

'그러고 보니 우산을 잊어버리고 안 가져 왔던 일이 수없이 많았어! 이건 우리 가족뿐만 아니라 내 친구들도 한 번쯤은 누구나 겪는 일일거고…….'

예진이는 마음 속으로 이런 생각들을 하다가, 방법을 찾기 시작했다.

'우산을 잊어버리지 않고 챙겨 다니는 방법은 없을까?'

그러나 어떻게 하면 좋을지 구체적인 방법이나 묘안은 좀체 떠오르지 않았다.

어느 주말에 예진이는 아버지의 심부름으로 창고에 들어가게 되었다.

"예진아, 창고에 가서 장도리 좀 꺼내 오너라."

"네, 아빠!"

창고에 들어간 예진이는 구석에 놓여 있는 헌 책가방을 발견했다. 책가방을 새 것으로 바꿀 때, 헌 가방을 버리기가 아까워 한쪽에 잘 챙겨둔 것이었다.

책가방은 먼지가 묻은 채로 곱게 놓여 있었다.

'바로 저거다!'

예진이는 장도리를 챙겨들며, 헌 책가방도 함께 가지고 창고를 나왔다.

"그게 뭐니?"

아버지의 물음에 예진이는 대답했다.

"연구할 것이 있어서 써 보려고요."

"연구?"

"네, 맨날 우산을 놓고 다니는 것을 예방하는 방법을 찾아볼거예요."

"허허 예진이가 발명을 하겠다는 것이구나. 잘 해봐

라. 아빠도 도와 줄게."

"정말이지요? 아빠, 감사합니다."

예진이는 그 날부터 종이에 설계도를 그려가며 연구를
시작했다.

"발명은 잘 되어가니?"

어느 날, 아버지의 말씀에 예진이는 자신있게 대답했다.

"예, 아빠! '우산꽂이 가방'을 만들려고 구상을 해 놓았
어요."

"오, 그래? 정말 놀랍구나!"

"그런데 이제 재료가 필요해요."

아버지는 예진이를 대견스러운 듯 바라보시며 말씀하
셨다.

"그래, 말해 보거라. 무엇을 도와 줄까? 우리 발명선
생!"

"발명은 간단해요."

"어떻게 할 건데?"

"가방 옆에 우산을 꽂을 수 있는 집을 만들거예요."

예진이의 말을 듣고 계시던 아버지는 곰곰이 생각하시
다가, 이렇게 말씀하셨다.

"생각은 참 좋은데……. 그런데 예진아, 우산길이만큼
집을 만들면 가방의 지퍼는 어떻게 열지?"

"아참, 그렇구나!"

예진이는 다시 고민에 빠졌다.

'그럼 어떻게 하지?'

또 며칠이 지났다. 그 날은 토요일이어서 학교에서 일찍 돌아온 예진이는 운동화를 빨기로 했다.

'오늘은 운동화랑 실내화를 빨아야지.'

팔을 걷어붙이고 운동화와 실내화를 들고 목욕탕으로 간 예진이는 문득 떠오르는 생각이 있어 밖으로 나왔다.

"그거야. 바로!"

그리고는 아버지를 불렀다.

"아빠. 방법을 찾아냈어요."

"그래? 뭔데!"

"지퍼 부분에 찍찍이를 붙이면 어떻겠어요? 운동화에 붙어있는 찍찍이와 같은 거 말이에요."

"와! 역시 예진이구나."

예진이는 아버지의 도움을 받으며 즉시 작업에 들어갔다.

"아빠, 빨리 시내에 가요."

"오냐, 알았다."

예진이는 아버지와 함께 시내 가게에 가서 천을 사고, 재단을 하고, 재봉도 했다.

"자, 이제 집이 되었어요."

"그렇구나, 이젠 책가방에 달자."

예진이는 아버지와 함께 3일이나 걸려서 우산꽂이가 부착된 가방을 완성했다.

"와, 드디어 발명 1호 탄생!"

"우산꽂이 가방 만세!"

예진이는 아버지와 함께 부둥켜 안고 즐거워했다.

"아빠, 저는 발명은 발명가들만 하는 줄 알았는데, 해보니 자신이 생겨요."

"그래, 앞으로 더욱 열심히 생각해서 발명 2호, 3호도 탄생시켜라. 이 아빠가 적극적으로 밀어줄게."

"네, 아빠!"

예진이는 이제 비오는 날을 기다리게 되었다.

"이거 빨리 비가 안 오나?"

"뭐? 호호호."

예진이의 어머니는 딸의 모습을 보며 흐드러지게 웃으셨다.

이런 생각이 미래의 에디슨을 만들어요!!

"맨날 우산을 놓고 다니는 것을 예방하는 방법을 찾아볼 거예요. 그래서 '우산꽂이 가방'을 만들려고 구상을 해 놓았어요."

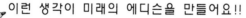

IC칩이 내장된 약품상자

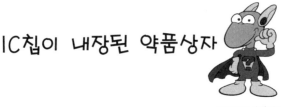

공룡박사 척척이

　소정(이소정, 서울 장곡초등학교 6학년)이는 서울에서 태어나 서울에서만 자랐다. 그래서 시골에 가는 것이 즐겁기만 하다.

　해마다 다가오는 여름이나 겨울방학 때, 시골에서 농사일을 하시며 혼자 계신 할머니께 가는 것이 소정이에게는 더없는 낙이기도 했다.

　소정이가 할머니댁에 가면 할머니께서는 소정이네 식구들을 매우 반갑게 맞아 주셨다.

　소정이는 여름방학이 되자, 할머니댁에 갈 준비를 하며 마음이 들떴다.

　'이번에는 가서 실수하지 않고, 할머니를 잘 도와 드려

야지.'

소정이는 3년 전, 여름방학 때의 일을 떠올리며 혼자서 피식 웃었다.

그 날, 할머니와 어머니는 밭에 김을 메러 가시고 소정이는 혼자 남아 집을 보고 있었다. 할머니댁에는 귀여운 강아지와 꿀꿀 돼지, 오리 등이 있었다.

심심하던 차에 광 속에 들어간 소정이는 설탕처럼 하얀 비료를 발견했다.

"이거 설탕이잖아! 아기 돼지에게 주면 맛있게 먹겠지, 아주 좋아할거야."

그렇게 혼자서 중얼거리며 소정이는 비료를 인심 좋게 한 바가지나 퍼서 들고 아기돼지에게 갔다.

"아기 돼지야, 많이 먹어라."

그런데 저녁때쯤 밭에서 돌아오신 할머니께서 돼지우리를 들여다 보시고는 기겁을 하셨다.

"에구머니나, 이게 무슨 일이야!"

소정이는 그 사건으로 어머니께 회초리를 다섯 대나 맞았다.

그러나 그때 소정이 어머니는 소정이에게 비료라는 물질이 식물에게는 영양제가 되어도, 동물인 돼지가 먹으면 위험한 상태에 이르게 되는 이유에 대해 설명하지 않으셨다.

'비료란 논 밭에서 자라는 식물들이 먹는 영양제인데, 왜 돼지가 먹으면 위험할까?'

그래서 소정이는 그것이 내내 궁금했었다. 어쨌든 소정이는 그런 실수를 되풀이하지 않겠다고 다짐하며 올 여름방학 때도 시골 할머니댁에 갔다.

소정이는 서울에서 준비해 간 몇 가지 선물을 할머니께 드렸다.

"할머니, 여기 선물이에요."

"오, 선물? 속옷, 양말, 이건 웬 약이냐?"

"할머니, 할머니께서 매일매일 일을 하시니까 손에 상처가 나고, 또 습진이 생겨서 고생하시잖아요. 그래서 습진약을 사왔고요. 또 식사도 제대로 못하시니까 영양제, 골다공증을 예방하는 약이에요. 꼭꼭 드세요!"

소정이의 설명에 할머니는 고개를 끄덕이시며 매우 좋아하셨다.

"응, 습진약, 영양제, 예방약이라고……."

그리고 소정이 어머니는 할머니께 약 드시는 방법을 몇 번이고 설명해 드렸다.

"어머니, 이건 습진약이니까 습진 생겼을 때만 드시고요, 영양제와 골다공증 예방약은 매일 드세요. 아시겠지요?"

"오냐, 알았다."

그리고 일주일쯤 지난 후, 소정이는 아빠 엄마와 함께 서울로 오게 되었다.

"할머니, 안녕히 계세요."

"오냐, 여기 고추, 참깨, 녹두, 돔부, 옥수수를 넣었으니까 가지고 가서 먹어라."

소정이는 할머니께서 싸주시는 선물 꾸러미를 아버지의 차에 싣고 돌아왔다.

집 앞에서 오래도록 손을 흔드시는 할머니의 눈에는 이슬이 맺혀 있었다.

소정이네가 서울로 돌아온 지 몇 개월이 지난 어느 날, 할머니는 위장병과 식중독으로 병원에 입원하시게 되었다.

"아휴, 글쎄 할머니께서 습진약을 영양제로 잘못 아시고 한 달 동안이나 드셨다는구나."

어머니의 말씀에 소정이는 얼마나 놀라고, 충격을 받았는지 모른다.

소정이뿐만 아니라 온 집안이 발칵 뒤집혔다.

그런 일이 있은 후로 할머니는 아무 일도 못하시고 누워만 계신다는 이야기를 들은 소정이는 마음 속으로 생각했다.

　'할머니, 할아버지께서 마음놓고 약을 드실 수 있게 하는 안전한 방법이 없을까?'

　그래서 연구를 하게 된 소정이는 매일매일 그 생각으로 머릿속이 꽉 찼다.

　그러나 마땅한 방법은 떠오르지 않았다. 그러던 어느날, 학교에서 돌아온 소정이는 메시지가 녹음된 전화기에서 힌트를 발견하게 되었다.

　'왓, 바로 이거다. 약품상자에 음성녹음을 해서 알려드리는 거야.'

소정이는 할아버지와 할머니들이 약을 복용하실 때, 방법과 시간을 지켜서 안전하게 드실 수 있도록 IC칩이 내장된 약상자를 생각해내게 되었다.

"아빠, 우선 약상자의 뚜껑을 열면 상자 바닥에 내장되어 있는 IC칩이 이를 감지하여 음성으로 신호합니다."

"어떻게 신호를 하지?"

"이 약은 감기약입니다. 하루에 식사 후 30분마다 1포 또는 몇 알씩 복용하십시오. 이 약은 다른 약과 함께 드시는 것은 위험합니다. 약에 대하여 의문이 있으실 때는 반드시 약사와 상의해 주세요. 어르신의 건강을 기도합니다. 어때요? 아빠!"

소정이의 설명을 자세하게 들으신 아버지는 크게 웃으시며 기뻐하셨다.

"허허허. 우리 소정이가 기특하게도 아주 훌륭한 생각을 해냈구나."

"아빠. 이것뿐이 아니에요. 글을 모르시는 분이나 시각 장애인이 사용하실 수 있도록 내부 케이스 속에 끈을 연결하여 약이 서로 섞이지 않게 하는 방법도 개발중이에요."

"어떻게?"

"약과 케이스를 연결시켜 놓으면, 다른 케이스에 엉뚱

IC칩이 내장된 약품 상자

한 약을 넣으시는 실수를 방지할 수 있지요."

"이거 정말 대단한 발명이구나. 우리 소정이가 효녀다, 효녀!"

소정이는 아버지와 상의하여 발명품을 완성시킨 후, 이번 겨울방학 때는 할머니께 선물할 계획이다.

소정이는 일기에 이렇게 썼다.

✎ 빨리 겨울방학이 되었으면 좋겠다. 할머니께 내 발명품을 선물하기 위해서다. 보고 싶은 우리 할머니! ✎

이런 생각이 미래의 에디슨을 만들어요!!

'할머니, 할아버지께서 마음놓고 약을 드실 수 있게 하는 안전한 방법이 없을까?' 그러던 어느 날, 학교에서 돌아온 소정이는 메시지가 녹음된 전화기에서 힌트를 발견하게 되었다.

'왓, 바로 이거다. 약품상자에 음성녹음을 해서 알려 드리는 거야.'

제2부 느낌이의 발명일기

뚜껑이 자동으로 열리는 세탁기

공룡박사 척척이

두영(김두영, 부산 개화초등학교 6학년)이 형제는 장난을 좋아하는 개구쟁이들이다.

아파트의 모래사장에 가면 온통 모래투성이가 되어 돌아오고, 빈 깡통으로 공차기를 하지 않나, 폐지는 모두 찢어서 장난감으로 이용하질 않나, 어쩌다 폐타이어 하나만 눈에 띄어도 그냥 내버려 두지를 않는 장난꾸러기들이었다.

그러다 보니 늘 옷이 깨끗할 날이 없을 정도였다.

"아휴, 오늘은 또 학교에서 오면서 무슨 장난을 쳤길래 옷이 이 모양이니? 어서 옷 갈아 입어라. 사내 아이 둘만 되면 집안이 뒤집어진다더니."

두영이가 집안으로 들어서자. 어머니는 눈쌀을 찌푸리시며 이렇게 말씀하셨다.

두영이와 동생 두혁이는 서로 얼굴을 마주보며 눈웃음을 쳤다. 아닌 게 아니라 옷이 말이 아니었다.

"어! 우린 학교 놀이터에서 정글짐을 타고 놀았을 뿐인데……."

"히히, 그러니까 옷이 이렇지. 마구 기어다녔잖아."

"그거야 네가 나를 쫓아왔으니까 잡히지 않으려고 그랬지!"

두영이 형제의 입씨름을 구경하던 어머니께서 혀를 끌끌 차셨다.

"쯔쯔, 아서라. 그러다가 싸우겠다. 누굴 닮아서 저렇게 장난꾸러기들인지 하여튼 못 말려!"

연년생인 두영이 형제는 비슷비슷하여 마침 함께 놀기 좋은 친구 같은 형제였고, 그렇기 때문에 어머니로부터 이런 핀잔을 곧잘 듣게 되었다.

"어무이요, 너무 그러지 마시소. 마, 외할무니 말씀으로 어무이도 보통 험하게 노신 게 아니라카데예. 외갓집 뒷산 나무란 나무는 다 올라가셨다믄서예."

"치아라. 아부진 더 하셨다카더라. 콩 심은 데 콩 나고, 팥 심은 데 팥 나제, 뭐 벨 수 있겠나? 부전자전, 모전

자전이제. 우리 집엔 딸이 없응게, 맞제?"

두영이와 두혁이의 말장난에 어머니는 아이들을 때리
시는 시늉을 하며 웃었다.

"저 녀석들이!"

하여튼 두영이네 집은 남자 대 여자의 비율이 3 대 1이
었으므로, 어머니께서 집안살림과 뒷치닥거리에 힘을 많
이 쏟으시는 것만은 틀림이 없었다.

"엄마, 죄송해요. 다음부턴 정말 얌전하게 놀게요."

두영이와 두혁이는 할 수 없이 옷을 갈아 입었다.

이렇게 밀고 당기는 어머니와 두영이 형제의 싸움은
주말이면 더욱 심했다.

어느 토요일, 하교 길에 갑자기 쏟아진 비로 인하여 두영이 형제는 옷을 모두 적시게 되었다.

"형, 어차피 버린 몸인데 우리 장난 좀 치고 가는 게 어때?"

"두혁아 왜 그래? 옷이 젖어서 추운데. 그러다가 감기 들어"

"저길 봐, 저 공사장 옆에 모래더미가 있지? 양수펌프로 물을 품어내고 있고, 거기서 좀 놀다 가. 형!"

"엄마한테 또 혼나려고?"

"비맞아서 젖은 줄 아실거 아냐."

"어이쿠, 넌 정말 못 말리겠다. 가자."

"이얏호!"

두영이와 두혁이는 공사장에 가서 노느라 점심 먹는 것도 잊어버렸다. 저녁무렵이 다 되어 집에 돌아간 형제는 손들고 벌을 서야 했다.

"그러니까, 빨리 가자고 할 때 왔어야지."

"그래도 형이 더 즐거워했잖아!"

둘은 벌을 서고 난 후, 재미있었던 하루를 생각하고 쿡쿡거리며 웃었다.

그런데 베란다에서 두영이를 부르는 어머니의 목소리가 방으로 들렸다.

"두영아, 이리 와서 세탁기 뚜껑 좀 열어주라."

두영이는 급히 베란다로 뛰어갔다.

어머니는 양팔 가득 세탁할 옷을 들고 계셔서 세탁기의 뚜껑을 열지 못해 두영이를 부르셨던 것이다.

두영이는 그 날 의문을 갖게 되었다.

'짐을 들고도 세탁기의 뚜껑을 쉽게 열 수 있는 좋은 방법이 없을까? 이렇게 하면 될까?'

이런 생각을 하며 하루를 지내다가, 냉장고에서 쥬스를 꺼내 먹으려던 두영이의 눈이 번쩍 뜨였다.

씽크대 옆에 있는 쓰레기통을 보게 된 것이다. 발로 페달을 밟으면 자동으로 뚜껑이 열리고, 발을 떼면 저절로 닫히는 쓰레기통이었다.

'맞아, 바로 저거다. 오랜만에 이 장난꾸러기가 효도 한번 하는 거야.'

두영이는 그 날 밤, 아버지께 자신의 생각을 말씀드렸다.

"아빠, 저희들이 말썽을 자주 부려서 엄마가 빨래를 많이 하셔야 되잖아요."

"너희도 알긴 아는구나."

"그래서 말씀드리는 건데, 세탁기의 밑부분을 밟으면 자동으로 세탁기 뚜껑이 열리는 페달을 설치해 드리고 싶

뚜껑이 자동으로 열리는 세탁기

어요."

"그래? 그것 참 좋은 생각이구나. 당장 설치하자."

그리하여 두영이네 가족은 시장으로 가서 몇 군데 상점을 돌아다녔다.

겨우겨우 하나를 구해, 다음 날 저녁에 설치하기로 했다.

"그럼, 인제 우리 엄마는 편하니까 참 좋겠다. 그치 형!"

어머니가 부러운 듯이 말하는 동생의 말에 두영이는 우쭐해져서 고개를 천천히 끄덕였다.

두영이는 학교에 가서도, 학원에 가서도 세탁기 생각만 했다.

드디어 초인종이 울렸다.

"딩동, 딩동♪♬"

"와, 아빠 오셨다!"

두영이는 아버지와 함께 작업을 하고, 동생은 구호를 외치며 응원했다.

"파이팅, 파이팅"

드디어 설치가 끝나고, 실험에 들어갔다. 성공이었다. 너무나 기쁜 나머지 두영이는 자신도 모르게 고함을 쳤다.

"이야, 우리가 해냈다. 해냈어!"

우리의 일상생활에 불편한 점은 늘 있기 마련이고, 발명이란 정말 신나고 재미있는 것이라고 두영이는 생각했다.

이런 생각이 미래의 에디슨을 만들어요!!
'짐을 들고도 세탁기의 뚜껑을 쉽게 열 수 있는 좋은 방법이 없을까? 이렇게 하면 될까?' 우리의 일상생활에 불편한 점은 늘 있기 마련이고, 발명이란 정말 신나고 재미있는 것이라고 두영이는 생각했다.

뚜껑이 자동으로 열리는 세탁기

비상탈출 및 구명용 로프

공룡박사 척척이

"야, 신난다."

효천(엄효천, 서울 노일초등학교 4학년)이는 가족과 함께 물놀이를 가게 되었다.

"그렇게 신나니?"

어머니의 물음에 효천이는 입을 귀밑까지 닿도록 벌리고 웃으며 말했다.

"그럼요, 얼마나 기다렸던 날인데."

효천이는 여동생이 놓칠세라 품에 꼬옥 안고 있는 튜브를 뒹겨보며 콧노래를 부르기 시작했다.

자동차의 창 밖으로 잎이 무성한 나무들이 휙휙 지나가고, 집도, 사람들도 모두 어디론가 떠나고 있었다.

"고기를 잡으러 강으로 갈까요, 고기를 잡으러 바다로 갈까요…… ♪♬"

효천이의 콧노래가 멈춘 곳은 시원한 강물이 햇빛을 받아 은빛을 내며 넘실거리는 강이었다.

"와, 바다다!"

"에이, 바보야, 여긴 바다가 아니라 강이야!"

"야, 강이다"

효천이는 동생과 입씨름을 하며 앞다투어 차에서 내렸다.

"오빠 나빠! 툭하면 바보래."

"그러니까 똑바로 알아두란 말이야."

"알았어, 화나면 튜브 안 빌려 줄거야."

"이런 바보, 가서 빌리면 돼!"

"또 바보래, 그럼 오빠는 바보 오빠다. 바보 오빠!"

"아, 미안하다. 다신 안 그럴게."

시원스런 강물 위로 하늘이 내려앉을 듯 가깝게 느껴지는 곳에 효천이네 식구들은 자리를 잡았다.

"자, 얘들아! 먼저 밥부터 먹고 좀 쉬었다가 물놀이 하는 거다."

"알았어요. 엄마! 물놀이 할 때는 반드시 준비운동부터 하고, 그 말씀 하실거죠."

"아이쿠, 저런 똑똑새!"

"그러니까 엄마 아들이지요."

효천이네는 강가의 나무 그늘 밑에 돗자리를 펴고, 준비해간 점심을 꺼냈다. 손으로 냉큼 김밥을 집어 입으로 가져가는 효천이를 보고, 어머니는 혀를 끌끌 차셨다.

"천천히 먹어라, 누가 뺏어 먹니?"

"빨리 먹고, 수영하려고요."

효천이네 가족은 이런저런 이야기를 나누며 맛있게 점심을 먹고 있었다.

그런데 갑자기 강쪽에서 비명소리와 함께 첨벙대는 물

소리가 들려왔다.

"어푸, 어푸!"

"사람 살려요."

깜짝 놀란 효천이와 식구들은 모두 일어나 시선을 한 곳으로 모았다.

초등학교 어린이 하나가 강에 너무 깊이 들어갔다가 사고를 낸 것이다.

순식간에 강가로 사람들이 모여들어, 걱정을 해가며 발을 동동 굴렀다.

"아유, 저걸 어째!"

"빨리 빨리, 줄……."

여기저기서 소리를 지르고, 긴 혁대 끝이나 튜브를 던져 주고 하는 사이, 어린이의 아버지가 강물로 뛰어들었다.

"아버지인가 봐, 아이구 참"

너무나 갑작스럽게 생긴 일이라서 사람들은 손에 땀을 쥐며 안타까워했다.

"저런, 저런! 아버지도 위험한데……."

마침 사람들 중에 수영을 잘 하는 듯한 대학생 몇 명이 웃옷을 벗고, 풍덩풍덩 강물로 뛰어들었다.

다행히 아버지와 어린이는 무사히 구조되어, 자동차에 실려 병원으로 보내졌다.

"아이구, 천만 다행이다."

사람들은 그제서야 자기 자리로 돌아갔다.

모처럼 수영을 즐기려고 기대에 부풀어 있던 효천이는 잠시 멍한 기분으로 앉아 있었다.

"이거 수영할 기분이 아니네."

"오빠, 나도 무서워!"

그러다가 시간이 조금 지나자, 효천이는 언제 그랬냐는 듯 튜브를 들고 강가로 갔다.

"깊은 데는 가지 마라."

"걱정마세요. 아빠 엄마!"

하루 해가 서산마루로 기울 무렵, 효천이는 물 속에서 나왔다.

돌아오는 자동차 안에서 효천이 아버지는 아들에게 말했다.

"물에 빠진 사람에게는, 무조건 물 속에 뛰어들어 구하려고 하기보다는 붙잡고 나올 만한 것을 던져주는 것이 가장 좋은 방법이란다."

"아빠, 저는 매우 답답했어요. 그 상황에서 우리가 사용했던 물건들이 그 아이에게 별로 도움을 주지 못했잖아요. 휴대하기도 편리하고, 위급한 상황에서 정말 요긴하게 쓸 수 있는 밧줄 같은 것이 있으면 좋을 텐데."

효천이는 그 날부터 이 생각만 골똘히 하게 되었다.

'어떻게 하면 그런 것을 만들지?'

궁리 끝에 효천이는 스케치북에다 자신의 생각들을 그림으로 그렸다.

'비상시에 미끄러지지 않고 붙잡을 수 있도록 일정한 간격으로 구멍을 뚫고…….'

그리고는 아버지께 보여 드렸다.

"효천이 아이디어가 정말 멋지구나. 그런데 여길 조금 보충해보자."

효천이는 아버지와 몇 번의 의논과 연구를 거쳐서, 로프 하단부에 개폐형 고리와 금속링으로 기둥이나 창틀에 고정시키게 하는 로프를 만들었다.

이 로프는 미끄러지지 않게 잡고 내려갈 수 있도록 일정한 간격의 홈을 뚫었고, 손잡이 벨트는 평소에는 두루말이식으로 간편하게 보관할 수 있으나 로프로 사용할 때는 손목걸이용 안전벨트로 사용할 수 있다.

익사 사고시 구명용으로 사용될 경우는 두루말이로 감겨 있는 로프 하단에 개폐형 고리와 금속링의 무게가 있어 쉽게 펼칠 수 있다.

"아빠, 물놀이 갈 때는 이것만 있으면 염려 없겠어요."

"음, 가정에 비치해 놓으면 화재시나 긴급대피시 유용

비상탈출 및 구명용 로프

하게 쓸 수 있겠어."

효천이는 완성된 로프를 보자, 우주선을 타고 훨훨 날
아가는 것 같은 기쁨을 느꼈다.

"발명, 파이팅!"

이런 생각이 미래의 에디슨을 만들어요!!

"아빠, 저는 매우 답답했어요. 그 상황에서 우리가
사용했던 물건들이 그 아이에게 별로 도움을 주지 못
했잖아요. 휴대하기도 편리하고, 위급한 상황에서
정말 요긴하게 쓸 수 있는 밧줄 같은 것이 있으면 좋
을 텐데."

제2부 느낌이의 발명일기

편리한 버스 노선도

공룡박사 척척이

성민(김성민, 성남 동초등학교 5학년)이네 집 근처에는 특수학교가 있다.

아침 저녁으로, 몸이 불편한 어린이들이 학교를 오간다.

성민이는 그 어린이들을 볼 때마다, 도와주고 싶은 마음이 일어났다.

그러나 무엇을 어떻게 도와주어야 할지 알 수가 없어서, 그 어린이들의 왕래하는 모습을 유심히 지켜볼 뿐이었다.

특수학교 어린이들은 매일 부모님께서 태워다 주는 아이도 있었도, 학교버스나 일반버스를 타고 오는 어린이가 있었다.

집에 갈 무렵이면 부모님께서 데리러 오는 어린이도

있고 버스를 타고 가는 어린이들도 많았다.

어느 날, 성민이는 어머니와 함께 시내에 가기 위해 버스를 탔다.

"성민아, 안쪽으로 들어오너라."

어머니의 말씀에도 아랑곳없이 성민이는 시선을 한 곳에 못박고 있었다.

특수학교 어린이들이 버스에 같이 탔는데, 말을 하지 못하거나 귀로 듣지 못하는 어린이들이 자기들끼리 손짓으로 무슨 말인지를 주고 받으며 웃고 있어서, 성민이는 그들의 행동에 넋을 잃고 있었던 것이다.

그 어린이들은 자주 밖을 쳐다 보았다. 그러다가 버스가 멈추면 한두 명씩 버스에서 내리기도 했다.

"엄마, 저 아이들은 우리말을 듣지 못하나 봐요."

"그렇단다. 그러니까 수화를 하는 거란다."

성민이는 그 어린이들의 행동을 유심히 지켜보며 어머니와 이야기를 했다.

"정말 답답하고, 불편할 거예요."

"그렇겠지, 쯔쯔……."

성민이는 소리를 듣지 못하고, 손짓으로만 말을 하는 그들의 하는 양이 재미있어 아이들 옆으로 갔다. 그리고는 노트를 꺼내 글씨를 썼다.

🖊 몇 학년이니?

그러자 그들 중 한 아이가 글씨를 써주었다.

🖊 6학년

자세히 살펴보니, 어떤 아이는 자기가 내려야 할 곳의
정류장을 써놓은 메모지를 갖고 있었다.

지정된 장소에서 정확하게 내려야 하기 때문인지 그
아이는 밖을 자주 보았고, 항상 내렸던 정류장에서 내리는
것 같았다.

성민이는 그들을 지켜보는 동안 말을 못하는 어린이는
듣지도 못한다는 것을 알았다.

"얘야, 우린 정말 자유롭게 말할 수 있고, 들을 수 있다는 것만으로도 감사해야 하겠지?"

"예, 엄마! 제가 얼마나 행복한지 알았어요."

버스에서 내려 일을 마치고, 집으로 돌아오는 길에 성민이는 어머니와 이야기를 주고 받으면서 내내 그 어린이들의 모습을 지울 수가 없었다.

"그런데, 다행히도 저런 특수학교에서 교육을 받은 어린이는 글을 읽고, 내용도 알아본단다."

성민이의 머릿속은 온통 그 아이들로 꽉 차 있었다.

"저 어린이들을 위해서 제가 할 수 있는 일이 뭐 없을까요? 학교에 가서 청소해주고, 길 안내하고, 가방을 들어준다든가……."

"그것보다는 아이들 스스로를 위해서 도움이 될 수 있는 일을 찾아보는 것이 좋을 것 같구나."

성민이는 그 후로도 줄곧 특수학교 어린이들을 생각하다가, 문득 버스를 타고 내리던 일들이 떠올랐다.

'그래, 맞아! 바로 그 일을 도와 주는 거야.'

버스를 타고 내리는 것이 무척 조심스럽고 부담스러워 보였는데, 그것을 편리하고 안전하게 한다면 도움이 될 것 같았다. 만일 잘못하여 자신이 내려야 할 정류장을 지나친다거나, 잘못 내렸을 경우, 누구에게 물어보기도 힘들거고 그 다음 행동에 문제가 발생할 것 같았기 때문이다.

성민이는 그 일을 아버지께 의논했다.

"아빠, 버스를 타고 내릴 때, 잘 할 수 있는 장치가 필요하지 않을까요?"

"음, 아주 좋은 아이디어인데, 만들려면 좀 힘이 들 것 같구나. 하긴 전기 기술자인 내 친구에게 부탁하면 될 것 같다만."

"잘 되었네요 아빠, 그럼 제가 곧 설계도를 만들어 드릴께요."

장애인은 버스에 붙어 있는 버스 노선도와, 안내방송을 알아들을 수 없게 되어 있다. 그러므로 버스 노선도에 조그만 전구를 부착하여, 기사아저씨가 스위치를 누르면 노선도에 불이 켜져 귀로 듣지 못하는 사람도 불을 보고 내려야 하는 위치를 정확하게 알 수 있고, 또 버스가 움직이는 곳의 위치도 알 수 있게 했다.

이리하여 그들이 '앞으로 몇 정류장 더 가면 되겠구나!' 하고 편안한 마음으로 버스를 타고 갈 수 있게 설계했다.

성민이는 그 날 밤, 설계도를 완성하여 아버지와 함께 친구분을 만나 버스 노선도에 대해 설명해 드렸다.

"오, 성민이가 아주 놀랍고, 훌륭한 생각을 했구나. 도와 주고 말고, 그런데 조금 덧붙일 것이 있구나."

"아저씨, 정말 감사합니다."

자리에서 일어나자, 친구분은 성민이 아버지를 보며 미소를 지으셨다.

"이 친구, 대단한 아들을 두었군."

"허허허, 잘 봐주니 고맙네, 자네만 믿겠네."

"염려하지 말게, 장애가 있어 불편한 어린이들을 돕자는 일인데 여부가 있겠나."

드디어 안전하고 쉽게 알아볼 수 있어 편리한 버스 노선도가 완성되었다.

"발명가 김성민, 축하한다."

칭찬을 아끼지 않으시는 어른들의 축하를 받으며 성민이는 속으로 생각했다.

'내 조그만 작품이 장애인들에게 도움이 된다면 …… 앞으로도 그들에게 더 도움이 될 수 있는 작품을 만들어 봐야지!'

이런 생각이 미래의 에디슨을 만들어요!!
'저 어린이들을 위하여 제가 할 수 있는 일이 뭐 없을까요? 그래, 맞아! 바로 그 일을 도와 주는 거야.'
버스를 타고 내리는 것이 무척 조심스럽고 부담스러워 보였는데, 그것을 편리하고 안전하게 한다면 도움이 될 것 같았다.

자동 악보 보면대

공룡박사 척척이

동윤(한동윤, 서울 경복초등학교 5학년)이는 음악을 좋아한다.

그래서 피아노, 색소폰, 클라리넷, 바이올린 등 악기를 이용한 연주회에는 자주 가는 편이고, 틈만 나면 음악 감상을 한다.

음악은 사람의 마음을 흥분시키기도 하고, 우울하게도 하고, 즐겁게도 한다.

동윤이는 그래서 기분이 가라앉아 있을 때는 빠른 음악을, 안정이 잘 안 되고 들떠 있을 때는 무거운 음악을 틀어 놓는다.

동윤이가 음악을 좋아하는 것은 모두 악기 연주를 잘하시는 아버지와, 피아노를 잘 치시는 어머니, 바이올린을 잘 켜는 누나의 영향을 많이 받은 탓이다.

"얘, 동윤아! 누나랑 피아노 연주회에 갈래? 우리 선배 언니가 표 두 장을 주었는데…….."

"응, 누나! 나도 갈래."

지난 겨울방학 때 이렇게 동윤이는 누나와 같이 음악회에 간 적도 있다.

피아노의 건반 위를 마술사처럼 손가락으로 움직여 춤을 추듯 연주하는 피아니스트의 모습은 정말 아름다웠고, 음악 또한 가히 환상적이었다.

"와, 누나 선배 정말 예쁜데."

"이런 응큼한 녀석, 음악감상을 한 거야, 선배 언니 용모를 감상한 거야."

"그거야 물론 둘 다지. 헤헤."

동윤이가 겉으로는 이렇게 누나와 농담을 하고 있었지만, 사실 속으로는 엉뚱한 생각을 하고 있었다.

피아니스트가 피아노를 연주하는 동안 옆에 서서 다른 사람이 악보를 넘기는 장면을 보고, 내내 마음이 걸렸던 탓에 집으로 돌아오면서도 그 생각을 하고 있었던 것이다.

'꼭 다른 사람이 악보를 넘겨주어야 할까? 몹시 불편하겠던데.'

그리고 또 얼마가 지나, 방학이 거의 끝나갈 무렵이었다.

"동윤아, 도도 악기 좋아하지! 아버지 친구가 클라리넷을 연주한다는데 나를 따라 가볼래?"

"클라리넷요? 네, 아빠!"

사실 동윤이는 클라리넷보다는 색소폰이 더 좋았다. 트럼펫보다는 육중한 감이 있고, 애절하여 이 다음에 어른이 되면 색소폰을 멋지게 불어 볼 생각이었다.

그런데 클라리넷 독주는 별로 볼 기회가 없었던 터라 동윤이는 기대에 부풀어서 아버지를 따라가기로 했다.

"동윤아, 아직은 꽃샘추위가 남아 있는데, 옷 따뜻하게 입어야지."

"염려마세요, 엄마! 이래 뵈도 사낸데 그까짓 추위쯤 겁을 내서야 되겠어요? 다녀오겠습니다."

"애개개, 짜아식!"

옆에 있던 동윤이 누나가 한껏 웃으며 곁눈질을 했다.

"누나, 아무리 그래 봐야 소용 없어. 난 남자고, 누난 여자야!"

"그래서, 뭘 어쨌다고?"

"그렇다는 거지. 이를 테면 헤헤헤."

"저게 그냥, 쥐방울만한 게 누나를 놀려. 이 다음에 데리고 가나 봐라."

"누나, 언제는 보디가드 해달라고 해놓고 그럼 못 써요."

141

자동 악보 보면대

"아서라, 늦을라! 빨리 가자."

"네, 아빠!"

동윤이는 아버지와 손을 잡고, 연주회장으로 갔다.

연주회장 입구는 꽤 많은 사람들로 붐비고 있었다.

"아빠, 친구분이 꽤 유명하신가 봐요."

"응, 클라리넷뿐만 아니라, 웬만한 악기는 다 끝내주는 사람이란다."

"와, 멋있다! 저도 그랬으면 좋겠어요. 색소폰, 클라리넷, 트럼펫……."

"그래, 너도 커서 취미 삼아 해보렴."

드디어 연주회가 시작되었다.

약간은 청아한 듯 하면서도, 높낮이 따라 가늘었다 굵었다를 반복하며 실내를 울리는 소리와, 노련한 손놀림을 동윤이는 넋을 잃고 바라보고 있었다.

그런데 그 순간, 연주하는 사람이 손으로 악보를 넘기는 것이 보였다.

'야, 저건 너무 불편하겠어.'

연주회가 끝나고, 어두워진 거리를 아버지와 함께 걸으면서 동윤이는 한 생각만 했다.

'악보를 쉽게 넘길 수 있는 좋은 방법이 없을까?'

그러나 어떻게 하면 좋을지 아이디어는 잘 떠오르지 않았다.

그러던 어느날, 봄이 되자 동윤이네 가족은 나들이를 하게 되었다.

"이야, 봄날씨 그만인데. 오늘 과천으로 꽃구경이나 갈까?"

아버지의 말씀에, 손뼉을 치며 좋아하는 것은 역시 동윤이였다.

"아빠, 서울랜드요? 네, 가요!"

주말을 맞은 서울랜드는 활짝 핀 꽃들이 여기저기서 미소짓고 있었다.

"전 청룡열차 탈래요."

"잠깐, 기다려라. 우선 사진 한 장 찍어줄게. 엄마랑 누나 옆에 서 봐."

식구들이 나란히 서자, 자동 카메라는 챠르르 소리를 내며 찰칵하고 찍었다.

그 순간 동윤이는 "아!" 하고 소리를 질렀다.

"아하, 맞다! 바로 사진기의 필름 감는 원리를 이용하면 되겠어!"

놀이기구를 타는 것도 잊고, 동윤이는 머릿속으로 자동 보면대를 설계했다.

'우선 악보는 필름처럼 옆으로 길게 만들고, 보면대 끝에 모터를 달아서, 발판 스위치를 한 번 밟을 때마다 악보의 한쪽만큼 모터가 돌게 하는 거야.'

동윤이는 속으로 신이 나서 히히덕대며 혼자 웃었다.

'후후, 그리고 또 스위치를 밟으면 다음 곡을 연주할 수 있는 악보가 나오고…….'

동윤이는 집으로 돌아오자, 자신의 생각을 그림으로 옮겨 누나에게 보여줬다.

"누나, 내 아이디어 어때?"

"우와, 우리 동윤이 정말 멋쟁이다. 이런 놀라운 생각을 다 해내다니? 나도 연주할 때면 그 점이 참 불편했는데."

 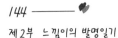

"누나, 이래도 내가 쥐방울만 해?"

"아니! 그 말 취소다. 역시 내 동생 동윤이는 멋진 남자다. 발명왕이고."

동윤이는 갑자기 어깨가 으쓱해졌다.

이런 생각이 미래의 에디슨을 만들어요!!

연주하는 사람이 손으로 악보를 넘기는 것이 보였다.
'야, 저건 너무 불편하겠어. 악보를 쉽게 넘길 수 있는 좋은 방법이 없을까?'
"아하, 맞다! 바로 사진기의 필름 감는 원리를 이용하면 되겠어!"

자동 악보 보면대

나 홀로 집에

공룡박사 척척이

승혁(이승혁, 대구 구암초등학교 3학년)이는 혼자서 책 읽는 것이 취미다.

그래서 별로 밖에 잘 나가지 않고 텅빈 집안에 혼자 있을 때가 많다.

"승혁아, 날씨도 따뜻한데 놀이터에라도 나가서 놀지 그러니?"

어머니의 말씀에도 승혁이는 그저 씨익 웃기만 했다.

"엄마, 책 속에 길이 있다잖아요. 그런데 길만 있는 것이 아니고 모든 재미있는 것들이 다 있어요. 저는 그냥 책을 읽을래요."

그러면 어머니는 혼잣말로 이렇게 중얼거리셨다.

"할아버지를 닮았나? 아버지는 운동을 좋아하시고, 잠시도 집에 계시지를 않는 편인데……."

동혁이의 할아버지는 초등학교 교사를 지내셨다니, 아마 그럴지도 모른다.

할머니 말씀을 빌리자면 손재주가 좋고, 머리도 좋으신 선비셨다고 했다.

그러던 어느 날, 오후의 일이었다.

"승혁아."

책상 앞에 앉아 있는 승혁이를 문밖에서 큰 소리로 부르시는 어머니 목소리가 들렸다.

"네, 엄마! 나갈까요?"

"아니다, 그게 아니고, 엄마가 시장에 다녀올테니까 집 잘 봐라."

그제서야 승혁이는 의자에서 일어났다.

"엄마, 시장 가시게요?"

"응, 아무나 함부로 문 열어 주면 안 된다. 알았지?"

"염려마세요. 문 꼭 잠그고 있을게요."

"요즘 아파트에 별별 도둑이 다 들어 온대. 그러니까 조심해야 한다."

승혁이는 문밖으로 나가시는 어머니의 뒤를 따라 복도로 나갔다.

나 홀로 집에

"다녀오세요."

"이 높은 아파트에 설마, 도둑이 들겠어?"

승혁이는 고층 아파트 밑으로 성냥갑만한 자동차들을 바라보며 혼잣말로 중얼거렸다.

'그래도 모르니까 문을 잘 잠그고……'

승혁이는 보조키까지 다 잠그고, 자신의 방으로 들어갔다.

동화책이 너무 재미있어서 시간 가는 줄 모르고, 독서를 즐기는 승혁이의 귓가로 초인종이 울렸다.

"딩동, 딩동"

"벌써 엄마가 오셨나?"

승혁이는 자리에서 일어나 현관으로 나갔다.

"엄마에요?"

그런데 뜻밖에도 비디오 폰에 비친 것은 어머니가 아니라, 처음보는 낯선 남자였다.

"세탁소에서 옷 가져가려고 왔습니다."

인상이 고약하게 생긴 남자의 말에 승혁이는 무척 당황했다.

'우리 엄마는 세탁물을 직접 갖다 맡기시는 부지런한 분이신데 …… 혹시, 도도둑? 아이쿠, 큰일났네.'

다음 순간, 승혁이는 책에서 읽었던 내용을 떠올리며

급히 지혜를 짜냈다.

"아, 그러세요? 아저씨, 방금 경비실에서 엄마가 올라
오신다고 전화를 하셨는데 좀 기다리실래요? 아니면 다음
에 오실래요?"

그러자 낯선 남자는 주위를 두리번거리며 안절부절못
하는 모습을 역력히 드러내 보이더니, 한마디 던지고는 계
단으로 내려갔다.

"응, 꼬마야! 그럼 다음에 올게"

승혁이는 그 때까지 두근거리던 가슴을 쓸어내리며 속

아버지의
목소리라면?

으로 생각했다.

'어휴, 깜짝이야! 간이 큰 도둑이네, 대낮에 어딜 들어오겠다고. 하긴 요즘같은 이사철에는 집 보러 왔다고 해서 문을 열어주면 강도로 변해서 털어간다고 하던데. 아이그 무시라. 이런 때 뭐 좋은 방법이 없을까?'

그 때부터 승혁이의 머릿속으로는 책을 읽어도 무슨 내용인지 들어오지 않았고, 오직 도둑 생각만 났다.

한 시간쯤 지난 후, 승혁이의 어머니가 돌아오셨다. 승혁이는 대뜸 엄마에게 여쭈어 보았다.

"다녀오셨어요? 그런데 엄마! 혹시 세탁물 가지러 사람 보내셨어요?"

"아니, 웬만한 건 내가 직접 세탁하고, 다림질도 엄마가 하잖니. 맡길 것이 있으면 엄마가 들고 가고…… 그런데 왜?"

"아, 아니요. 그냥"

승혁이는 어머니께 사실대로 말할까 하다가 놀라실까 봐 그만두기로 했다.

'다음에 내가 도둑퇴치용 아이디어를 짜낸 후에 말씀드려야지. 그런데 어떻게 해야 도둑이 도망가지?'

저녁이 되자 승혁이 아버지께서 돌아오셨다. 도어폰을 들자 아버지의 육중하신 음성이 흘러나왔다.

"승혁아, 문 열어라."

"네, 아빠!"

그 순간 승혁이의 머리를 번개처럼 스치는 것이 있었다.

'아, 맞다! 집안에 아빠가 계신 줄 알면 못 들어 올거야.'

승혁이는 그제서야 부모님께 오늘 오후에 일어났던 내용을 말씀드리고, 자신의 아이디어를 설명했다.

"그러니까 아빠, 아빠의 도움이 필요해요."

"오, 우리 승혁이가 책을 많이 읽더니 정말 지혜가 놀랍구나. 어떻게 순간적으로 그런 기발한 대응을 했을까. 도와주고 말고."

승혁이 어머니는 눈을 휘둥그렇게 뜨고, 놀라는 표정을 지으셨다.

"그런 일이 있었어?"

승혁이는 아이디어를 이용한 도어폰을 만들었다.

"아빠, 이 정도면 아빠 목소리인 줄 알고 도망가겠지요!"

"그렇겠다. 음성가변 도어폰이라 …… 도둑이 나 살려라 하며, 꽁지가 빠지도록 도망가겠어. 허허허"

"승혁이 혼자 있는 줄 알았다가, 오히려 도둑이 더 놀라겠다. 얘 호호호."

발명이란 참 위대한 것이라고, 승혁이는 혼자서 생각하며 도망가는 도둑의 뒷모습을 상상하고 소리내어 웃었다.

"도둑님, 올 테면 와 보이소! 히히"

이런 생각이 미래의 에디슨을 만들어요!!
'어휴, 깜짝이야! 간이 큰 도둑이네, 대낮에 어딜 들어오겠다고. 이런 때 뭐 좋은 방법이 없을까?'
승혁이는 아이디어를 이용한 도어폰을 만들었다.
"아빠, 이 정도면 아빠 목소리인 줄 알고 도망가겠지요!"

엘리베이터 추락을 막는 방법

공룡박사 척척이

"또 엘리베이터 사고야?"

텔레비전의 뉴스를 보시며, 새롬(하새롬, 경기도 광주 도 척초등학교 4학년)이의 어머니는 혀를 끌끌 차셨다.

새롬이와 어머니는 아파트의 엘리베이터 고장으로 그 안에 갇혀 공포의 몇 시간을 보낸 적이 있다. 그래서 새롬이 어머니는 엘리베이터 사고라는 말만 나와도 가슴이 두근거린다고 하셨다.

뉴스에서는 서울 ××건물에서 엘리베이터가 추락, 인명피해가 있었다는 소식을 전하고 있었다.

"쯧쯧, 고층건물에서 불안해서 어디 살 수 있겠어?"

엘리베이터 고장이라면 누구보다도 민감한 반응을 보

이시는 새롬이 어머니는 아직도 사고의 후유증에서 벗어나지 못하신 것이다.

　그러니까 바로 두 달 전, 새롬이와 새롬이 어머니는 고층 아파트의 19층에 살고 있었는데 급한 볼일이 있어서 밖에 나가려고 엘리베이터를 탔다.

　그런데 웬 일인지, 서 있는 것이 어지러울 정도로 엘리베이터 안이 휘청거렸다.

　"어! 이게 왜 이러지?"

　"어머! 어지러워요."

　엘리베이터 안에는 새롬이 모녀말고도 초등학교에 다니는 여학생 하나가 더 있었다.

　초등학생 여자 아이는 비명을 질렀다.

　"악! 무서워요. 아줌마."

　좀 지나면 괜찮아지겠지 생각하는 순간 엘리베이터는 쿵소리와 함께 밑으로 떨어져 2층에서 멎어버렸다.

　"밖에 누구 없어요?"

　비상벨을 찾으려는 순간, 엘리베이터 안은 갑자기 깜깜해졌다.

　"살려주세요."

　소리를 지르고, 발을 동동 굴렀지만 듣는 사람은 아무도 없고 오직 칠흑 같은 어둠과 공포뿐이었다.

새롬이는 어머니의 품 안으로 달려들어 눈을 꼭 감고 있었지만, 다른 여자 아이는 비명을 지르면서 공포에 떨고 있었다.

"엄마! 절 구해주세요. 엉엉."

새롬이 어머니 또한 두려움을 떨쳐버리지 못하고, 가슴을 태웠다.

'이러다가 밑으로 추락해서 모두 죽는 것은 아닐까?'

갖가지 두려움과 공포가 엘리베이터 안에 갇힌 사람들을 괴롭히고 있었다.

문은 열리지 않고, 움직이지도 않고, 밖에서 사람소리는 나지 않고, 그야말로 지옥을 방불케 하는 공포의 시간이 얼마나 계속되었는지 모른다.

"얘야, 너도 이 아줌마 곁으로 와."

"싫어요, 앙앙앙."

죽음 같은 시간이 마치 한 달도 더 넘는 것처럼 길게 느껴졌을 때였다.

엘리베이터가 움직이기 시작했다.

"앗, 엘리베이터가 움직인다!"

"와, 살았다."

잠시 후, 전기가 들어오고 문이 열렸다. 1층에서 내린 새롬이와 어머니는 저절로 눈물이 나려는 것을 참았다.

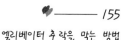

"아주머니, 많이 놀라셨지요? 엘리베이터가 갑자기 고장나는 바람에 저희도 몹시 당황했습니다. 다행히 긴급복구가 되었습니다. 무사하셔서 기쁩니다."

아파트 경비 아저씨의 낯익은 얼굴과 관리사무소 직원들의 웅성거림 속에서 새롬이 모녀는 안도의 한숨을 길게 쉬었다.

"너무 놀라서 죽는 줄 알았어요. 휴~우."

"엄마, 그래도 다치지 않아서 다행이에요."

"그렇지만 무서워서 어디 엘리베이터를 다시 탈 수 있겠니?"

"그건 저도 그래요."

새롬이는 겁에 질린 여자 아이와, 어머니의 얼굴을 번갈아 보며 혼자서 깊은 생각에 잠겼다.

'엘리베이터 추락사고를 막는 방법은 없을까?

그 때 일을 생각하면 새롬이 또한 가슴이 두근거렸다. 다행히 그나마도 2층에서 멎었으니 망정이지. 만일 그대로 바닥에 추락했다면 아마 새롬이는 이 세상 구경을 다시 하지 못했을 터였다.

'생각만 해도 아찔해. 그런데 추락의 공포에서 벗어날 뾰족한 수가 없을까? 추락사고를 줄일 방법……'

새롬이는 그런 궁리를 하다가 어느 날, 냉장고에서 물을 꺼내 먹으려고 주방으로 갔다.

냉장고 문을 여는 순간, 갑자기 머릿속을 무언가로 얻어맞은 것처럼 퍼뜩 한 생각이 떠올랐다.

'아, 바로 그거였지! 자석의 성질.'

새롬이는 냉장고문을 열다가 냉장고 옆에 붙은 자석 병따개를 본 것이다.

자석은 극이 서로 다르면 끌어다녀서 병따개처럼 냉장고에 찰싹 달라붙지만, 극이 같으면 서로 밀어내는 성질이 있다.

그러니까 이 자석의 성질을 이용하면 되겠다는 것이 새롬이의 생각이었다.

엘리베이터 추락을 막는 방법

새롬이는 방안으로 들어와 스케치북을 꺼내 놓고 도면을 그리기 시작했다.

'우선 엘리베이터 밑바닥에 이렇게 자석을 모두 부착하는 거야.'

새롬이는 엘리베이터의 바닥을 파랗게 칠했다.

'그 다음에는 엘리베이터와 같은 극의 자석을 부착하는 거지.'

그렇게 하면 자석들은 서로 같은 극이기 때문에 밀어낼 것이었다.

'그리고 맨 밑바닥을 같은 극의 자석으로 도배하듯 설치하면, 서로 밀어내기 때문에 엘리베이터가 추락할 수가 없지.'

간단히 말해서 엘리베이터가 추락을 하고 싶어도 바닥에서 밀어내는 자석의 성질 때문에 밑으로 갈 수가 없다는 것이다.

"엄마, 이 그림을 보세요. 제 아이디어 어때요?"

새롬이의 설명을 듣고 난 어머니는 딸의 손을 꼭 잡더니 말씀하셨다.

"어쩌면 우리 새롬이가 많은 추락사고를 방지할 수 있는 훌륭한 발명가가 될지도 모르겠구나, 그거 참 기발한 생각이다."

 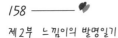

새롬이는 어머니의 칭찬을 듣자, 갑자기 기분이 좋아졌다.

미래에는 새롬이의 발명 덕분에, 추락해도 나비처럼 사뿐히 내려 앉는 엘리베이터가 개발될지도 모를 일이라고 상상하며.

이런 생각이 미래의 에디슨을 만들어요!!

'생각만 해도 아찔해, 그런데 추락의 공포에서 벗어날 뾰족한 수가 없을까? 추락사고를 줄일 방법……. 아, 바로 그거였지! 자석의 성질. 자석은 극이 서로 다르면 끌어다녀서 병따개처럼 냉장고에 찰싹 달라붙지만, 극이 같으면 서로 밀어내는 성질이 있다.'

엘리베이터 추락을 막는 방법

볼펜 더하기 화이트

공룡박사 척척이

지은(박지은, 서울 월천초등학교 6학년)이는 건망증이 좀 심한 편이다.

"방금 여기 있었는데 어디 갔지?"

"또 뭘 잊었니?"

"지갑요. 시내버스 카드가 들어 있어요. 학교 늦었는데 큰일났네."

"어휴, 그러게 진작 준비하랬잖니."

"엄마, 정말 아까부터 진작 준비해 두었다니까요."

"주머니에 삐쭉 나와 있는 건 뭐니?"

"네? 아차 여기 넣어 두고 찾았네."

"아이그, 못 말려!"

이런 정도였다. 그리고 이런 일은 자주 일어났다.

요즘 가정주부들이 건망증이 심해지면 전화기를 냉장고에 넣어 놓고, 지갑을 냉동실에 넣어둔다지만, 지은이는 벌써부터 그 모양이니 어쩜 좋으냐고 걱정하시는 어머니의 잔소리를 들을 만도 했다.

얼마 전에는 학교에 간다고 나갔던 지은이가 5분도 안 되어 다시 집에 온 적이 있다.

"엄마, 문 열어 주세요."

"아니, 왜 다시 왔니?"

문이 열리자, 지은이는 총알처럼 방안으로 뛰어들며 말했다.

"오늘 미술준비 해 오랬는데 깜빡 잊었어요."

"아휴, 어서 준비해라. 지각하겠다."

간신히 지은이를 보내놓고 돌아서려는 어머니의 귓가에 딸의 목소리가 들렸다.

"엄마, 책상 위에 지갑 좀 밑으로 던져 주세요."

"으이그, 저 웬수!"

그뿐만이 아니었다. 지은이는 툭하면 체육복을 놓고 왔다, 우산을 두고 왔다며 불평을 자주 했고, 준비물을 자주 빠뜨려 집에를 다시 오곤 했다.

어느 날은 지은이 어머니가 시장을 가면서 지은이에게

심부름을 시켰다.

"얘, 지은아! 엄마가 가스불 위에 보리차를 올려 놓았는데 끓거든 불 좀 꺼라. 알았지? 그럼 나갔다 온다. 잊으면 안 된다."

몇 번씩 말씀하고, 다짐받으신 후에야 지은이의 어머니는 밖으로 나가셨다.

'엄마도 참, 알았다니까 몇 번이나 말씀하신담.'

속으로 그렇게 말하며 지은이는 가스렌지 위에 놓인 커다란 주전자를 바라보고 눈을 흘겼다.

'치이, 아직 끓으려면 멀었겠다. TV나 봐야지.'

마침 집안이 비어 혼자 남게 된 지은이는 얼씨구나 좋아라 하며 TV 앞에 앉았다.

"세일러 문, 잘한다 잘해!"

만화영화를 보느라 시간 가는 줄 모르고 즐거워하던 지은이의 귀에 초인종 소리가 들린 것은 만화영화가 다 끝난 뒤였다.

"엄마가 오셨나? 아차, 큰일났네."

그제서야 보리차 생각이 나서 가스렌지 앞으로 부리나케 뛰어갔을 때는 이미 주전자가 타기 직전이었다.

"아이고, 내 이럴까 싶어 서둘러서 왔더니."

"엄마, 죄송해요."

지은이는 코가 땅에 닿도록 어머니께 머리를 조아렸지만, 이미 엎지른 물이었다.

"주전자 하나 타는 것이 문제가 아니야. 만약 불이라도 났어 봐!"

어머니의 꾸지람에 지은이는 속으로 생각했다.

'아이구, 나도 못 말려! 이거 혹시 유전 아닐까?'

그런데 이것은 또 약과였다.

지은이에게는 고민이 하나 있었다.

볼펜으로 글씨를 쓰거나 도면을 그리다 보면 틀리는 경우가 많은데 그 때마다 지우개나 화이트를 찾느라 시간을 허비하는 것이었다.

'아까 내가 화이트를 쓰고 어디에 놓았더라. 방금 썼는데……'

그렇게 찾다보면 하던 일을 다 못 끝내거나 흥미를 잃어버리기도 했다.

'볼펜으로 쓰다가 틀리면 화이트를 자주 사용해야 하는데, 볼펜이랑 화이트랑 떨어져 있어서, 각각 챙기기가 너무 힘들어! 무슨 좋은 방법은 없을까?'

지은이는 마음 속으로 생각하며, 좋은 방법을 찾았지만 뾰족한 수가 떠오르지 않았다.

그러던 어느 날, 지은이는 자기의 방 책상 서랍을 정리

하다가, 지우개가 달려 있는 연필을 발견했다.

　그 순간 지은이의 머릿속으로 번개처럼 스쳐가는 생각이 있었다.

　'앗, 이거다! 지우개 달린 연필도 있는데, 화이트 달린 볼펜이 없으란 법은 없지…….'

　지은이는 볼펜과 화이트를 어떻게 결합시킬까 궁리하기 시작했다.

　그런데 이론은 쉬웠지만, 막상 만들려니 기술적인 문제가 뒤따라서 그리 쉬운 일이 아니었다.

　그러다가 지은이는 어느 날, 집 근처의 공사장을 지나가게 되었다.

몇 달 전부터 건물을 짓고 있었는데 엊그제 2층이던 것이 벌써 5층까지 올라가 있었다.

'언제 이렇게 지어졌지? 맞아! 조립식 건물이라더니. 요즘은 뭐든 조립식이 많으니까, 조립식으로 끼워 맞추면 되겠다.'

지은이는 부리나케 집으로 돌아와 볼펜과 화이트의 조립방법을 생각해냈다.

'그래, 조립식이라면 가능하지. 그러니까 볼펜을 쓰는 도중에 화이트를 다 쓸 수도 있으니까, 새로 갈아 끼울 수 있도록 조립식으로 만들자.'

지은이는 완성된 편리한 볼펜화이트를 어머니께 보여 드렸다.

"엄마, 제가 발명한 이 볼펜화이트 어때요?"

"뭐? 지은이가 발명을 다 했어? 어디 보자."

지은이의 발명품 1호를 보시고 난 지은이 어머니가 말씀하셨다.

"건망증이 발명도 하네! 아무튼 이제 숨바꼭질이 줄어들겠구나."

"헤헤헤, 역시 엄마셔!"

지은이는 다음부터는 발명으로 무엇이든 빠뜨리지 않고 잘 챙기는 방법을 연구해야겠다고 다짐했다.

볼펜 더하기 화이트

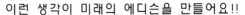

이런 생각이 미래의 에디슨을 만들어요!!

'볼펜이랑 화이트랑 떨어져 있어서, 각각 챙기기가 너무 힘들어! 무슨 좋은 방법은 없을까?'

그러던 어느날, 지은이는 자기의 방 책상 서랍을 정리하다가, 지우개가 달려 있는 연필을 발견했다.

'아, 이거다! 지우개 달린 연필도 있는데, 화이트 달린 볼펜이 없으란 법은 없지…….'

환풍 아가미 자동차

공룡박사 척척이

우리 나라에는 담배 때문에 골치를 앓는 사람이 참 많은 것 같다. 담배는 각종 암을 유발하여 본인의 건강뿐 아니라 옆 사람의 건강까지 해치는 무섭고 해로운 것이라고 아무리 광고를 해도 흡연인구는 늘어만 간다고 하니, 참 모를 일이다.

정남(김정남, 부산 엄궁초등학교 5학년)이는 담배 때문에 어머니께서 불편해 하시는 것을 종종 보아왔다.

"여보, 이 담배 꽁초 좀 아무 데나 버리지 마세요."

"알았어, 알았어!"

아버지는 어머니의 잔소리에 늘 알았다고 말씀하시지만, 며칠이 지나면 여전히 똑같은 대화가 되풀이된다.

그것뿐만이 아니다.

"아니, 이렇게 좋은 고급 실크 스카프에 구멍을 내다니, 어쩜 이럴 수가 있어요. 여보!"

"그게 언제 그렇게 되었지? 스카프 옆에는 근처에도 안 간 것 같았는데, 미안해. 담뱃불이 너무 세었거나 스카프가 불에 약했거나 둘 중에 하나겠지 뭐."

"아이쿠야, 그 담배 좀 어떻게 끊을 수 없나요? 정말……."

"글쎄 말이야, 나도 끊고는 싶은데 그게 잘 안 된단 말이야."

정남이 아버지는 몇 년 전에 담배를 끊으려고, 진짜로 3개월을 안 피우신 적이 있다.

"여보, 담배를 끊으셨군요. 이렇게 좋은 걸. 냄새 안 나지, 담배꽁초 없으니 집안이 깨끗하지, 건강에 좋지, 당신 치아도 하얘진 것 같아요."

"그래, 그렇군! 나도 담배를 끊을 수 있겠어."

그러시더니 정남이 아버지는 그 이튿날부터 다시 담배를 입에 물고 계셨다.

"아니, 이젠 끊으신 줄 알았더니 또 피우세요?"

"음, 나도 자신이 생겼거든. 언제든 내가 끊고 싶을 때 끊을 수 있으니까, 조금 더 피우다가 끊지 뭐."

제2부 느낌이의 발명일기

"아이쿠야"

어머니는 이마에 손을 대고 뒤로 벌렁 넘어지는 시늉을 하셨다.

하여튼 정남이네 집은 담배가 말썽이다.

그런데 요즈음 더 심각한 것은 흡연인구의 나이가 점점 낮아진다는 것이다.

정남이는 그 심각성을 말로만 들었는데 정말 충격적인 현장을 목격한 일이 있었다.

정남이가 친척집에 가기 위해 고속버스를 타고 가다가, 일반버스 정류소에서 직행버스로 갈아타려고 내린 적

환풍 아가미 자동차

이 있었다. 표를 끊어 놓고 화장실에 갔는데 버젓이 교복을 입고, 가방을 멘 중학생 형들이 담배를 피우고 있었다.

깜짝 놀란 정남이가 볼일을 보고 화장실을 나서려는데 나란히 붙어 있는 여자화장실 바닥에 역시 교복을 입고 책가방을 멘 누나들이 쪼그리고 앉아 담배연기를 품어내고 있었다.

'아이고, 이거 정말 큰일났구나.'

정남이는 충격을 받고 화장실을 나서며, 속으로 무척 걱정이 되었다.

어쨌든 우리 몸에 백해무익하다는 담배, 이것 때문에 정남이네 집에서도 기어코 일이 벌어졌다.

작년 여름방학 때의 일이다.

정남이네 가족들은 아버지가 운전하시는 자동차에 몸을 싣고, 여행을 떠나게 되었다.

"얏호, 신난다."

"동해바다는 언제 가도 좋아."

"아빠, 맛있는 거 많이 사주세요."

정남이네 가족들은 제각기 한마디씩 하며 즐거운 기분으로 차 안에 앉아 있었고, 아버지도 유쾌한 마음으로 자동차를 몰고 계셨다.

그런데 얼마쯤 달리다가 갑자기 쏟아지는 폭우를 만나

게 되었다.

"이런, 웬 비야!"

자동차의 속력은 줄고, 어두워진 도로 위를 차들이 줄을 서서 가고 있었다.

아버지는 평소 답답하면 담배부터 피워 물으시던 습관대로 담배에 불을 붙이셨다. 좁은 자동차 안은 금방 담배 연기로 가득 찼다.

"여보, 창문 좀 여세요. 안에 담배연기가 가득해요."

숨이 막힐 지경이 된 우리 가족을 보다 못한 어머니가 말씀하셨다. 그러자

"안돼, 창문을 열면 비가 들어오잖아. 밖에 비 많이 오는 거 안 보여!"

"그럼, 담배를 피우시지 말든가……."

"뭐야!"

갑자기 즐거웠던 자동차 안의 분위기가 험악해졌다.

정남이는 그 일로 해서 순간적으로 생각하게 되었다.

'창문을 열지 않아도 담배연기가 자동차 밖으로 빠져 나가게 하는 방법은 없을까?'

그러나 아무리 생각해도 좋은 방법이 떠오르지 않았다.

어찌어찌해서 겨우 동해안에 닿았다.

비는 개었고, 정남이네 가족은 상가가 쭉 늘어 서 있는

도로를 지나게 되었다.

　음식점 앞에는 커다란 수족관들이 즐비하게 놓여 있고, 그 안에 물고기들이 헤엄치며 놀고 있었다.

　'저 물고기들은 어떻게 물 속에서도 숨을 쉴까?'

　생각하던 정남이는 무릎을 탁 쳤다.

　'맞아! 바로 이거였군'

　여행에서 돌아온 정남이는 자신의 생각을 그림으로 그렸다.

　"그러니까 환풍기나 에어콘으로 들어간 담배연기가 상어의 아가미 모양을 한 이 틈으로 빠져나가기 때문에, 비가 스며들지 않고도 환풍이 된다는 말이지! 정말 멋진 생각이다."

　정남이의 설명을 들은 아버지는 매우 기뻐하시며, 칭찬을 아끼지 않으셨다.

이런 생각이 미래의 에디슨을 만들어요!!
'창문을 열지 않아도 담배연기가 자동차 밖으로 빠져나가게 하는 방법은 없을까?'
'저 물고기들은 어떻게 물 속에서도 숨을 쉴까?'

리필용 딱풀

공룡박사 척척이

권순(박권순, 인천 거지초등학교 6학년)이는 미술시간을 좋아한다.

특히 만들기 시간은 더욱 그렇다.

"랄라라, 룰루루 ♪♬♩"

학교에 갈 준비를 하고 있는 권순이에게 어머니가 물었다.

"권순아, 너는 뭐가 그리 좋으니? 계속 랄라라 룰루루루니?"

권순이는 책가방을 챙기다 말고 어머니께 대답했다.

"그럴 일이 있어요. 오늘 만들기 시간이 들었거든요. 참! 엄마 500원만 주세요."

"뭐 할 건데."

"풀 사게요."

어머니는 권순이에게 500원짜리 동전 하나를 주시며 말씀하셨다.

"오늘 또 옷에다 풀 꽤나 묻혀 오겠구나."

"그래도 엄만 그 기분을 잘 모르실 거예요."

"알았다. 알았으니 어서 가렴. 지각하면 안 되잖아."

"걱정마세요. 엄마! 다녀오겠습니다."

집을 나서는 권순이의 발길은 다른 날보다 훨씬 가벼웠다.

권순이의 꿈은 이 다음에 건축가가 되는 것이다.

멋진 건물도 짓고, 무엇이건 아름답게 만들어 집안도 꾸미고, 인테리어를 그럴싸하게 할 수 있는 기능사가 되고 싶었다.

그래서 권순이는 미술시간만 되면 많은 상상을 하고, 만들기를 할 때도 남보다 월등하게 잘 하며 선생님께 칭찬을 듣는다.

"랄라라, 룰루루 ♬ ♩"

권순이는 학교 앞 문방구에 들어섰다.

"얘야, 무얼 찾니?"

진열대에 진열된 용품들을 자세히 뜯어보고 있는 권순

이에게 가게 아줌마가 먼저 물었다.

"딱풀 주세요."

"그런데 뭘 그렇게 오래 구경하니?"

"신기하고, 예쁜 물건들이 많아서요."

"등교시간은 바쁘니까 한가할 때 와서 실컷 구경해라. 옛다, 딱풀이다."

"감사합니다. 아주머니! 안녕히 계세요."

교실에 들어서자 권순이네 짝꿍이 말을 걸어왔다.

"권순아, 너는 좋겠다."

"왜?"

권순이는 책가방을 내려 놓으며 눈을 크게 떴다.

"너는 만들기를 잘 하지 않니. 나는 미술시간만 되면 제일 걱정이야!"

"왜, 재미가 없어서?"

"아니, 그건 아니고 사실은 만들기가 자신이 없거든. 나는 손재주가 없나봐. 우리 아빠 엄마도 미술은 영 소질이 없으셨대."

시무룩해지며 말꼬리를 내리는 짝꿍에게 권순이는 큰 소리를 쳤다.

"마, 걱정 마라. 이 권순이가 있잖니. 내가 도와줄게. 그 대신 너는 운동이라면 끝내주잖아! 너는 장래 국가대표

감이야! 잘 되거든 그 때 나 모르는 체 하지 마라."

"알았어, 권순아! 고맙다"

짝꿍의 표정이 금새 밝아졌다.

마침내, 권순이가 기다리고 기다리던 미술시간이 되었다. 선생님께서 칠판에 만들기의 요령을 적으시며 말씀하셨다.

"오늘, 만들기 준비물은 다 해가지고 왔지요?"

"네~에."

"그럼 색종이, 가위, 풀, 두꺼운 종이, 빨대, 스치로폼…… 모두 꺼내보세요."

아이들은 가져온 준비물을 모두 책상 위에 가지런히

올려 놓고 조용해졌다. 만들기에 대한 흥미와 기대감 때문이었다.

"좋아요, 그럼 지금부터 시작하세요."

권순이는 선생님의 지시대로 잽싸게 오리고, 붙이고 하기 시작했다.

그런데 얼마 후, 딱풀이 바닥이 났다.

"앗, 이거 벌써 다 써버렸잖아, 오늘 새로 산 500원짜리 풀을 순식간에 다 날리다니……."

그러자 짝꿍이 자신의 풀을 권순이 옆으로 밀어놓았다.

"권순아, 이 풀을 써라."

"응, 고마워! 하지만 딱풀 하나를 사면 금방 쓰고 버리게 되는 것이 너무 아까워."

"그건 그래."

"게다가 플라스틱으로 만든 건데, 우리 나라 전체 학생들이 쓰고 버리는 딱풀을 생각한다면 아마 어마어마할 거야. 플라스틱은 잘 썩지도 않으니 자연환경을 망치는 공해가 될 텐데."

군순이의 말에 짝꿍은 말 없이 고개만 끄덕였다.

그런데 권순이의 머릿속에는 온통 쓰레기로 버려진 딱풀생각뿐이었다. 만들기 시간이 어떻게 갔는지도 모를 정

리필용 딱풀

도였다.

'어떻게 하면 아까운 딱풀 용기를 이용할까? 환경도 보호하고, 재활용하는 방법이 있다면 좋을 텐데.'

집에 돌아와서도 권순이는 이 생각뿐이었다.

"권순아, 왜 랄라라 룰루루가 빠졌니? 만들기한 것도 안 보여주고 …… 무슨 일이 있었니?"

어머니는 콜드크림을 듬뿍 찍어 얼굴에 바르며, 방바닥에 배를 깔고 길게 누워 있는 권순이에게 말했다. 그 순간 역시 플라스틱으로 만든 커다란 화장품 용기들이 눈에 들어왔다.

"엄마, 그 화장품 다 쓰고 나면 어떻게 하세요? 용기가 너무 예쁜데."

"응, 이거? 정말 화장품 용기는 한 번 쓰고 버리기가 너무 아까웠지. 요즘은 다 쓴 후에 병만 가지고 가면 다시 채워준단다."

"네? 아! 그렇구나."

권순이는 자리에서 벌떡 일어났다.

권순이는 딱풀의 구조를 자세히 살펴본 후, 다 쓴 딱풀 용기에 리필 딱풀을 끼우는 방법에 대해서 연구하기 시작했다.

"만세! 성공이다. 이제 환경도 보호하고 딱풀을 싸게

살 수 있겠어."

권순이는 두 손을 번쩍 들고, 소리를 질렀다.

"환경보호도 이 박권순 발명가의 손에 달렸어! 발명 파이팅!"

이런 생각이 미래의 에디슨을 만들어요!!

"게다가 플라스틱으로 만든 건데, 우리 나라 전체 학생들이 쓰고 버리는 딱풀을 생각한다면 아마 어마어마 할 거야. 플라스틱은 잘 썩지도 않으니 자연환경을 망치는 공해가 될 텐데."

'어떻게 하면 아까운 딱풀 용기를 이용할까? 환경도 보호하고, 재활용하는 방법이 있다면 좋을 텐데.'

리필용 딱풀

잘 열린다 병뚜껑

공룡박사 척척이

"엄마, 우유 마셔도 되지요?"

학교에서 돌아오기가 무섭게 냉장고의 문을 연 준 경(이 준 경, 대구 경운초등학교 5학년)이는 마실 것을 찾았다.

"그러렴, 쥬스도 있다."

어머니 목소리가 방안에서 새어나왔다.

준경이는 커다란 쥬스 병을 꺼내 벌컥벌컥 들이켰다.

"준경아! 컵에 따라 마셔야지, 또 병나팔을 부는 거냐?"

언제 나오셨는지 준경이 어머니가 아들의 행동을 나무랐다.

"엄마, 걱정마세요. 어차피 이건 제가 금방 다 마실 건데요. 뭐!"

"넌 왜 그렇게 마시는 걸 좋아하는지 모르겠구나. 금붕
어도 아니고……."

"헤헤헤, 엄마! 제 별명이 학교에서 금붕어인 줄 어떻
게 아셨어요?"

"뭐! 정말 금붕어야?"

"그렇다니까요."

"호호호, 딱 맞는 별명이구나. 엄만 시장에 잠깐 다녀
올테니까 맛있는 것 꺼내 먹으며 집 잘 보고 있어라."

"네, 엄마! 다녀오세요."

준경이는 어머니가 현관문을 나서자 간식과 마실 것을
잔뜩 챙겨들고 방으로 들어갔다.

"TV나 볼까?"

준경이는 빵과 과자, 그리고 우유를 앞에 놓고 TV를
켰다.

준경이가 좋아하는 만화영화가 상영되고 있었다.

"와, 재미있다."

그런데 문제는 그 다음에 있었다.

빵을 먹고, 우유를 단숨에 들이키고, 과자를 입에 넣
자 뱃속에서 신호가 왔다.

"우, 꾸르룩! 와, 배부르다."

준경이가 보던 만화영화가 다 끝났을 때는 앞에 쌓여 있던 먹을 것들도 바닥이 나 있었다.

만화영화가 끝나자, TV에서는 크레커와 음료, 쵸코렛 등의 광고방송이 나오기 시작했다.

"와, 저것도 먹고 싶은데."

준경이는 혼자서 중얼거리며, 방을 나와 주방으로 갔다.

'어디 또 먹을 것 없나?'

냉장고 문을 열고, 이리저리 살펴보다 커다란 콜라를 꺼내 식탁 위에 내려 놓고, 병뚜껑을 돌렸다.

'어! 이게 잘 안 열리네?'

준경이는 계속해서 병뚜껑을 돌렸지만 뚜껑은 열리지 않았다.

"이게 왜 이래!"

짜증이 난 준경이는 신발장 서랍에서 펜치를 꺼내들고 씨름을 하다가, 그것도 안 되어서 드라이버, 부엌칼까지 동원하여 겨우 뚜껑을 밀어냈다.

"휴우, 겨우 열었네."

준경이는 병째 들고 마시려다 어머니의 말씀이 생각나서 컵에 콜라를 가득 따랐다.

"에이, 기운만 뺐네! 목말러……."

컵에 가득한 콜라를 단숨에 들이키고 있는데 준경이

어머니께서 돌아오셨다.

"얘, 너무 마신다. 그러다가 배탈이 나면 어쩌려고 그러니?"

준경이는 다소 찌푸린 표정으로 방금 전의 상황을 이야기했다.

"엄마, 콜라 병뚜껑이 잘 안 열려서 씨름을 했더니 금방 땀이 났어요. 저거 불량품인가 봐요."

"그랬구나, 병뚜껑은 손이 미끄러우면 잘 안 열리고, 또 콜라 안에 압력이 들어가면 잘 열리지 않을 수도 있단다. 애쓴 모양이구나."

"네, 정말 짜증이 다 났어요. 병뚜껑이 잘 안 열리니까

잘 열리다 병뚜껑

너무 불편해요."

준경이의 말에 어머니는 방금 전 시장을 보아오신 꾸러미에서 과일을 꺼내 놓으며 말을 받았다.

"하긴 간장병, 양념병 혹은 음료수병 뚜껑이 잘 안 열려서 이 엄마도 애를 먹은 적이 한두 번이 아니란다. 지난번에 박카슨지 원비인지 드링크 병을 따다가 손을 베어 피가 났지."

준경이는 어머니의 말을 들으며 속으로 곰곰이 생각해 보았다.

'그러셨구나, 병뚜껑이 너무 불편해. 무슨 좋은 방법이 없을까?'

준경이가 갑자기 꿀먹은 벙어리가 된 듯 조용히 서 있자, 어머니가 말했다.

"아니, 금붕어가 어떻게 입을 다물고 있을까? 여기 딸기 씻어 놓았으니까 갖고 가서 먹어라."

"딸기요? 예! 엄마."

준경이는 후다닥 딸기 접시를 들고 방안으로 들어갔다.

'그래, 방법을 찾아보자.'

그렇게 며칠이 지났다.

어느 날 오후, 준경이는 고장난 소형 라디오를 고치기 위해 십자 드라이버로 너트를 풀었다.

'이게 왜 잘 안 나오지?'

대충 손을 보고, 다시 조립하여 헐거워지지 않도록 너트를 꽉 조이던 준경이는 순간적으로 떠오르는 생각에 무릎을 "탁" 쳤다.

'아! 그렇구나. 바로 이거였어.'

잘 조여진 라디오는 소리도 우렁차게 음악을 들려주고 있었다.

준경이는 급히 냉장고로 가서 콜라병을 꺼내 놓고, 먹고 버린 드링크제의 병뚜껑과 간장 병뚜껑 등을 살펴보기 시작했다.

"모두 똑같아. 뚜껑을 열기 쉽게 하는 좋은 방법이 있는데도 말야. 방법은 간단하지. 십자 드라이버의 원리를 이용하는 거야."

준경이는 중얼거리며 병뚜껑들을 뚫어져라 쳐다봤다.

준경이의 아이디어는 간단했다. 병 뚜껑의 사방에 돌출부위를 만들어서 손을 끼워 넣으면 +자 드라이버형이 되는 것이다. 우리가 손으로 열 수 없는 것도 십자 드라이버로 열면 간단하듯이 병뚜껑 자체를 십자형으로 제작한다면 손가락이 드라이버처럼 훨씬 많은 힘을 가하게 되어 훨씬 쉽게 열릴 것이다.

"엄마, 제 생각 어때요?"

잘 열린다 병뚜껑

"오, 정말 쉽겠구나. 남자보다는 힘 없는 여성들이 훨씬 좋아하겠어. 와! 멋진 아이디어다."

"얏호! 병뚜껑 만세!"

준경이는 자기의 생각이 실용화될 먼 미래를 생각하니 절로 기분이 좋아졌다.

이런 생각이 미래의 에디슨을 만들어요!!

'병뚜껑이 너무 불편해. 무슨 좋은 방법이 없을까?'

"모두 똑같아. 뚜껑을 열기 쉽게 하는 좋은 방법이 있는데도 말야. 방법은 간단하지. 십자 드라이버의 원리를 이용하는 거야."

편리한 공중전화 부스

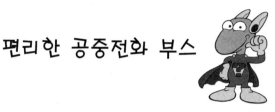

공룡박사 척척이

요즘 공중전화는 없어서는 안 될 필수품이 되어 있다.

번잡하고 사람들의 왕래가 잦은 도시의 도로변, 극장가, 슈퍼 앞, 역이나 대합실 주변, 학교 주변 등은 말할 것도 없고 시골 장터 옆이나 구멍가게 앞에도 반드시 공중전화는 놓여 있다.

그만큼 사람들이 많이 사용하고 있다는 증거이기도 하다.

그런데 급할 때면 찾기 힘든 것이 공중전화이고, 더 손쉽게 사용하려고 핸드폰을 개발하여 요즘은 학생들도 휴대용 전화기를 갖고 다니는 사람이 많다.

그러나 그것도 사실 우리 나라 전체인구를 따져본다면

소수에 불과하고 사람들이 움직이면서 이용하는 공중전화의 사용횟수는 엄청나다.

혜기(조 혜기, 서울 경복초등학교 6학년)는 이 공중전화를 자주 이용하는 어린이 중의 하나이다.

"혜기야, 우리 PC방에 들러서 조금만 놀다 갈까?"

수업이 끝나고 집으로 돌아가는 길에 혜기의 친구 수일이가 말했다.

"안돼, 엄마께서 기다리실 텐데."

혜기는 비교적 모범생이라서 하교시간이 거의 일정했지만, 친구의 유혹을 뿌리친다는 것도 쉬운 일이 아니었다.

"그럼 전화해 드리면 되잖아. 컴퓨터 공부하는 줄 아시고 오히려 좋아하실 텐데 그러니!"

"그럴까? 그럼 일단 전화해서 엄마께 허락을 받아야지……."

"공중전화 찾고 있니? 저 위쪽에 있다."

"알았어. 그럼 함께 가자."

혜기는 공중전화 부스 안에 들어갔다.

아침까지만 해도 봄비가 부슬부슬 내리던 것이 이제는 조금 개었지만, 우산을 접고 안에 들어서자 물이 떨어졌다.

혜기는 손에 들고 있던 우산을 밖으로 쑥 내밀며 말했다.

"수일아, 이 우산 좀 들어줘. 물이 떨어져서 세워두기도 불편하고, 들고 있자니 전화를 할 수 없고……."

"알았어. 내가 들고 있을테니까 어서 전화해라."

혜기는 공중전화 카드를 넣고 다이얼을 눌렀다.

"여보세요, 엄마! 저 컴퓨터실에 들려서 조금만 놀다 가면 안 돼요?"

"뭐? 컴퓨터실? 오락할려고?"

"꼭 그것만은 아니예요. 컴퓨터도 빨리 익힐 수 있고……."

"그래, 알았다. 조금만 놀고 빨리 오너라. 알았지?"

"네, 엄마! 걱정 마세요."

'찰카닥'하고 혜기는 전화기를 걸었다. 그리고는 문을 열었다.

"혜기야, 전화 다했니? 자 여기 네 우산, 우리 빨리 가자."

"그래, 알았어! 그래도 어째 엄마를 속이는 것 같아 조금 찔린다."

"야, 혜기야! 우린 다 그렇게 크는 거래. 아, PC통신 하는 것이 뭐 그리 잘못된 것은 아니잖아."

"잘못된 건 아니지만……."

"그런데 뭐가 문제야, 빨리 가자."

"알았어, 수일아 가자!"

혜기는 수일이와 함께 얼마 동안 걸어서 제일 먼저 눈에 띄는 PC방으로 들어갔다.

혜기는 돈을 내려고 지갑을 찾았으나 주머니가 텅 비어 있었다.

"어? 내 지갑! 아차, 아까 전화하고 공중전화기 옆에 놓았는데……."

"뭐? 에구 자식. 빨리 가 보자."

혜기와 수일이는 오던 길을 급히 달려 공중전화 앞으로 갔다.

"있니?"

"아니, 없는 것 같아."

"뭐? 그럼 어떻게 하니?"

"할 수 없지 뭐."

"지갑에 들은 것이 많았니?"

"응, 어제 아빠께 용돈 받은 거 다 들어 있는데……."

"에이 참, 하필 이런 때 지갑을 잃어 버리니."

"그냥 집으로 갔으면 되는 건데, 엄마 속이려다 벌 받았나 봐!"

제2부 느낌이의 발명일기

"자식, 속이긴 뭘 속인다고 그래."

"그래도 …… 수일아, PC방에는 다음에 가자."

"알았다. 그만 집으로 가자."

혜기와 수일이는 풀이 죽은 모습으로 말 없이 걸었다.
속으로는 투덜대면서……

"공중전화는 꼭 필요한데, 전화부스에는 불편한 점이
너무 많아. 체!"

"그래, 맞아."

"젖은 우산을 친구가 밖에서 들어주지 않아도 되고, 물
건이나 지갑도 잃어버리지 않게 할 수 있는, 뭐 그런 좋은
방법 없을까?"

"우리, 같이 생각해 보자."

혜기와 수일이는 머리를 쥐어짜기 시작했다.

"혜기야! 나는 머리에 쥐가 나도록 짜봐도 안 된다. 네 생각은 어떠냐?"

"나는 한 가지 묘안이 떠올랐어."

"뭔데?"

"그러니까 밑에 물빠짐 구멍이 있는 우산꽂이를 한쪽에 세워서 부착해 놓으면 우산이나 어르신들이 지팡이 등을 세워 놓는 것은 해결되고……."

"응, 지갑이나 물건을 놓고 나오면?"

"그것도 간단해, 우산꽂이에 놓아 둔 우산이나 다른 물건을 그대로 놔두고 나오면 스위치를 연결해서 신호음이 울리도록 하는 거야, 어때?"

"그럴싸한데, 그럼 우리 같이 만들어서 실험해 보자."

"좋아."

며칠 후, 혜기와 수일이는 공중전화부스에 발명품을 설치했다.

"자, 이제 우산을 놓고 그냥 나와."

"알았어, 나왔다. 짠!"

"와, 소리가 난다."

"나는 다시 들어가서 물건을 가지고 나오는 거지. 성공이다 성공!"

혜기와 수길이는 어깨를 나란히 하고 씩씩하게 걸
었다.

"자, 이제 전진, PC방으로!"

사용량이 표시되는 건전지

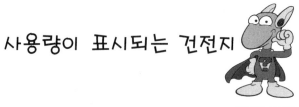

공룡박사 척척이

지수(김지수, 수원 향곡초등학교 3학년)에게는 이제 여섯 살 난 동생이 있다.

그런데 지수의 동생 지영이는 어찌나 말썽꾸러기인지 도무지 정신을 차릴 수가 없다.

"에! 뭐야, 이거 또 내 노트를 찢어 놨잖아, 난 몰라 잉."

화가 난 지수가 거실에서 장난감 자동차를 가지고 놀고 있는 동생에게 군밤을 먹였다.

"이 말썽꾸러기, 내 숙제를 다 망쳐 놓았어. 너 왜 그 랬어! 응?"

그러자 동생은 기다렸다는 듯이 울음을 터뜨렸다.

"뭐? 아프게 때리지도 않았는데, 울어. 이게, 너 정말 혼날래?"

"으왕, 언니 나빠잉 왕왕!"

동생은 온 집안이 떠나갈 듯 소리내어 울었다. 그러자 놀란 어머니는 방안에서 뛰어나오며 지수를 나무랐다.

"아니, 너 지수야! 동생을 때리면 어떻게 해. 언니가 되어가지고 어린 동생에게! 너 맞을래?"

지수는 짜증 섞인 목소리로 말하며, 찢어진 노트를 보여 드렸다.

"엄마, 지영이가 또 내 숙제 노트를 찢었단 말이에요. 선생님께 나만 벌을 선다구요. 씨이"

"뭐, 그래도 그렇지, 동생을 때리면 되니? 그리고 엄마한테 그게 무슨 말버릇이야! 씨라니!"

"아이, 엄마는 제대로 알지도 못 하시면서 …… 에이 참."

지수는 마음이 상해서 방으로 들어갔다. 할 수 없이 숙제를 다시 해야만 했다.

지수는 화가 나는 것을 참고, 다시 숙제를 시작했다.

"와, 다 했다!"

두 시간이 지나서야 간신히 끝낸 숙제노트를 가방에 넣어서 동생이 손대지 못하도록 높은 곳에 올려 놓았다.

사용 량이 표시되는 건전지

"엄마, 저 밖에 나가서 30분만 놀고 올게요."

지수는 홀가분한 기분으로 현관에서 신발을 신고 있는데, 어느 새 뒤따라 나왔는지 동생이 서투른 솜씨로 신발을 앙증맞은 발에 끼려고 안간힘을 쓰는 것이었다.

"뭐야! 넌 따라 오지 마!"

"언니, 나도 가"

"안돼!"

지수가 도망치려하자 어머니께서 소리를 지르셨다.

"지수야, 엄마 잠깐 요 앞 슈퍼에 가서 맛있는 것 사올 테니 잠깐만 동생 데리고 놀아줄래?"

제2부 느낌이의 발명일기

"알았어요."

지수는 동생 때문에 마음대로 놀기는 틀렸다고 생각했지만, 맛있는 것을 사오신다는 엄마 말씀에 그렇게 대답하고 말았다. 반드시 그렇지 않다 할지라도 어머니 말씀을 무시할 수도 없었다.

그러면서 지수는 좋아라 웃고 있는 얄미운 동생의 아장거리는 발 앞에 발을 걸었다.

'이 말썽꾸러기야!'

동생은 신발 위로 풀썩 넘어졌지만 언니를 따라갈 생각에 발딱 일어나 손을 털었다.

"지영아, 나가자."

지수는 그런 동생을 보며 귀여운 생각이 들어 베시시 웃었다.

"알아. 언니 가자!"

현관을 나서자, 집 앞 화단에는 따스한 봄볕이 고루 퍼져 있었다.

지수는 동생의 손을 잡고, 한 손에는 농구공을 들고 공터로 나갔다.

공터에는 이미 동네아이들이 많이 나와서 신나게 놀고 있었다.

"지수야, 왜 이제 나오냐?"

사용 량이 표시되는 건전지

"응, 동생이 숙제 해놓은 것을 찢어버려서 다시 하느라고 늦었어."

"빨리 이리와, 농구하자."

"그래, 알았어. 지영아, 너는 여기 의자에 앉아서 놀아, 알았지?"

"으응……, 응"

동생은 싫다고 하면, 집에 들어가라고 할까봐 지수의 눈치를 보며 고개를 끄덕였다.

이윽고, 햇빛이 서쪽 하늘로 조금씩 기울어가자 지수는 동생을 데리고 집으로 갈 채비를 했다.

"얘들아, 나 먼저 간다."

"왜, 벌써 가니?"

"동생 때문에……, 내일 또 나올게."

다시 현관 안으로 들어서자, 지수 어머니가 지수에게 말씀하셨다.

"지수야, 네 책상 위에 건전지 여유있게 사다 놓았다. 동생이 손대지 않게 잘 넣어 두어라."

"네. 알았어요."

대답과 동시에 지수는 먼지 투성이인 손을 씻으러 욕실 안에 들어갔다.

"엄마, 맛있는 것은요?"

"식탁 위에 있지 않니."

"네, 감사합니다."

손발을 다 씻고 난 지수가 방안으로 들어서자, 어느 새 방에 들어왔는지 지영이가 건전지통이며 장난감 자동차 등을 모두 한 데 뒤섞어 늘어놓고 있었다.

"어! 안돼, 내 건전지……."

'이거 어떻게 하지? 다 쓴 건전지와 새 건전지를 마구 섞어 놓았으니……, 겉모양이 다 똑같으니 헌 것과 새 것을 구분할 수가 있나!'

지수는 동생을 나무라는 대신 방바닥에 벌렁 드러눕고 말았다.

'이건 동생만 나무랄 일이 아니야.'

고민하다 끙끙 앓아누운 지수는 방금 목욕탕에서 보고 나온 칫솔을 생각해냈다.

'그렇지, 바로 그거야, 갈 때가 되면 색깔이 저절로 변하는 칫솔처럼 건전지를 만들 때, 겉 표면의 색깔이 사용량에 따라 변하도록 하는 거야. 그러면 건전지를 갈아 끼울 시기나, 사용량을 눈으로 볼 수 있으니까 훨씬 편리할 거야. 만세!'

지수는 멋진 아이디어가 생각나게 해준 동생 지영이가 이 때처럼 귀엽게 느껴진 적이 없었다.

사용량이 표시되는 건전지

"지영아! 이리와 봐."

"맴매 할꺼?"

"아니, 뽀뽀해 줄게."

지수는 동생을 꼭 안아 주었다.

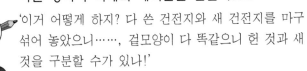

이런 생각이 미래의 에디슨을 만들어요!!

'이거 어떻게 하지? 다 쓴 건전지와 새 건전지를 마구 섞어 놓았으니……, 겉모양이 다 똑같으니 헌 것과 새 것을 구분할 수가 있나!'

'그렇지, 바로 그거야, 갈 때가 되면 색깔이 저절로 변하는 칫솔처럼 건전지를 만들 때, 겉 표면의 색깔이 사용량에 따라 변하도록 하는 거야.

눈금이 있는 호스

공룡박사 척척이

봄이 되자, 은선(신은선, 안성 일죽 초등 학교 6학년)이네 집 안마당에는 이제 새싹이 나기 시작한 식물들이 무럭무럭 자라고 있다.

꽃을 좋아하는 은선이는 엄마와 함께 화분을 재배하는 것이 취미였다.

그래서 은선이는 토요일 오후에는 엄마를 따라 화훼시장에 나가 묘목을 사오기도 하고, 난이나 분재 등의 화분을 구해오기도 한다.

할아버지 산소는 서해안의 바닷가 옆에 있는데, 갈 때마다 춘란, 소사 등의 묘목을 캐다가 화분에 심어둔 것이 꽤 되었다.

"와, 봄이 되니까 모든 식물이 잠에서 깨어나 손을 내미는구나, 정말 상쾌한 날씨야!"

"엄마, 그렇게 좋으세요?"

"응, 은선이 너는 좋지 않니?"

"아니요, 저도 기분 좋아요."

"그럼, 우리 다음 주말에는 할아버지댁으로 나물 캐러 갈까?"

"나물이라고요?"

"말이 그렇다는 거지. 쑥, 냉이, 달래, 씀바귀도 캐고, 뒷산에 가서 난이나 진달래 있으면 캐 오자."

"정말 할머니댁에 가시게요?"

"그래, 세 시간이면 가는데 뭐! 기차 타고 가면서 맛있는 것도 사먹고……."

"이번에는 고속버스로 가요. 휴게소에서 파는 와플, 미니 도너스 맛이 끝내주거든요."

"좋아, 그럼 다음 주말에 가자. 아빠께 말씀 드리자. 랄랄라~."

소녀처럼 좋아하시는 어머니의 뒷모습을 물끄러미 바라보며 은선이는 소리 없이 킥킥거렸다.

'우리 엄마는 어느 땐 정말 소녀 같아. 소풍가는 기분이신가 봐!'

드디어 주말이 되었다.

"아빠, 아빠도 가실 거예요?"

등산화에 모자까지 쓰신 아버니를 보고 은선이가 놀라서 묻자, 아버지는 빙그레 웃으시며 말씀하셨다.

"그래, 예쁜 공주님들만 보낼 수야 없지. 그러다가 누가 채가면 어떻해. 그래서 내가 아예 자가용으로 모시기로 했다. 오늘 나는 운전수다. 자, 준비되었으면 다들 타시지요."

"호호호, 은선아, 더 신나게 됐다. 어서 타라."

"알았어요. 헷헤헤."

봄볕이 따사로운 고속도로를 자동차는 정말 근사하게 달렸다.

은선이와 어머니는 콧노래를 부르며 즐거워했다.

사철에 봄 바람 불어잇고 ♩ ♫
하나님 아버지 모셨으니,   ♪ ♫
믿음의 반석도 든든하다   ♩
여기가 우리의 낙원이라 ♫   ♩

휴게소에서 내려 맛있는 것도 사먹고, 산과 들판을 지나 할머니댁에 도착했을 때는 산위에 걸친 해가 뉘엿뉘엿

눈급이 있는 호스

산등성이를 붉게 물들이며 몸을 추스리는 석양이었다.

"야, 다 왔다! 할머니이~."

집 앞 텃밭에서 무언가를 하고 계시던 은선이 할머니는 깜짝 놀라며 반기셨다.

"아니, 연락도 없이 웬일이냐?"

"어머니, 이 사람이 갑자기 어머니가 보고 싶다고 해서 데리고 왔습니다."

"할머니, 보고 싶었어요."

"오냐, 잘 왔다."

은선이 어머니가 준비해 간 고기와 생선으로 맛있는 저녁을 지어 온 가족이 둘러앉아 식사를 하고, 할머니댁은 온통 이야기 꽃으로 웃음바다가 되었다.

이튿날, 어머니의 말씀대로 은선이는 나물도 캐고, 진달래, 난 등의 묘목을 뒷산에 가서 구해가지고 다시 또 집으로 돌아왔다.

"은선아, 이건 네 화분이니까 네가 잘 가꾸고 키워라. 알았지?"

어머니는 은선이에게 식물을 심고 가꾸는 일이 얼마나 즐거운 일인지 직접 관찰해 보라며 여러 개의 화분에 씨앗도 심고, 꽃나무도 심어 별도로 내주셨다.

그로부터 며칠이 지난 후,

"와, 신난다. 엄마 새싹이 돋았어요."

씨앗을 매단 새싹이 샛노랗게 올라오는 것에서 생명의 신비를 깨닫게 된 은선이는 그 날부터 틈만 나면 화분 옆으로 달려갔다.

"벌써, 많이 자랐어요."

아침 저녁으로 물도 주고, 늘 사랑해 준 탓인지 화분의 꽃들은 키가 많이 자랐다.

그래서 얼마나 자랐는지 보려고 은선이는 줄자를 들고 화분 옆으로 갔다.

그런데 줄로 재기가 무척 힘들었다.

'아이, 힘들어! 더 편리하게 잴 수 있는 방법이 없을까?'

속으로 이런 생각을 하며 은선이는 식물들이 자라는 과정을 좀더 자세하게 관찰할 수 있는 방법을 연구하기 시작했다.

꽃들은 하루가 다르게 쑥쑥 자라며 은선이를 놀라게 했다.

"와, 생각보다 훨씬 많이 자라네요. 그런데 제대로 관찰할 수가 없으니……."

화분 안에 풀이 나면 뽑아주고 영양제를 주자, 물조리로 주는 시원한 물을 먹으며 꽃나무는 꽃망울을 터뜨리기 시작했지만, 줄자를 대신할 만한 뾰족한 수는 떠오르지 않았다.

그러던 어느 날, 마당에서 화분에 물을 주고 수돗가로 간 은선이는 손을 씻으려다 가늘고 긴 호스를 발견했다.

어머니께서 상치, 고추, 토마토 등에 물을 주는 호수였다.

'맞아, 이거면 되겠어.'

은선이는 곧 줄자를 준비하여, 호스에 대고 선을 그어 센티미터를 표시했다.

호스 자가 된 셈이다.

'이 호스 자를 자라는 식물에 연결하거나, 식물원에 달아 놓는다면 관찰하기가 훨씬 더 편하겠어. 얏호!'

"은선아, 뭐가 그리 좋은 거야?"

"엄마, 이걸 보세요."

"와, 정말 대단한 아이디어다. 우리 딸 은선이 최고다. 은선이가 발명했다. 호호호."

어머니는 은선이보다도 훨씬 더 기뻐해 주셨다.

이런 생각이 미래의 에디슨을 만들어요!!

그런데 줄자로 재기가 무척 힘들었다.

'아이, 힘들어! 더 편리하게 잴 수 있는 방법이 없을까?'

속으로 생각하며 은선이는 식물들이 자라는 과정을 좀더 자세하게 관찰할 수 있는 방법을 연구하기 시작했다.

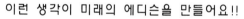

눈금이 있는 호스

초등학생 발명가
물음이와 느낌이

•

처음 찍음 / 1999년 7월 1일
처음 펴냄 / 1999년 7월 5일

엮은이 / 왕연중
펴낸이 / 이방원
펴낸 곳 / 세창출판사

주소 / 서울특별시 종로구 교남동 47-2
전화 / 723-8660(代) 팩스 / 720-4579
e-mail / sc1992@mail.hitel.net
등록 / 1990. 10. 8 제 2-1068호(윤)

•

값 6,000 원

*잘못 만들어진 책은 바꾸어 드립니다.

ISBN 89-8411-016-7 03000